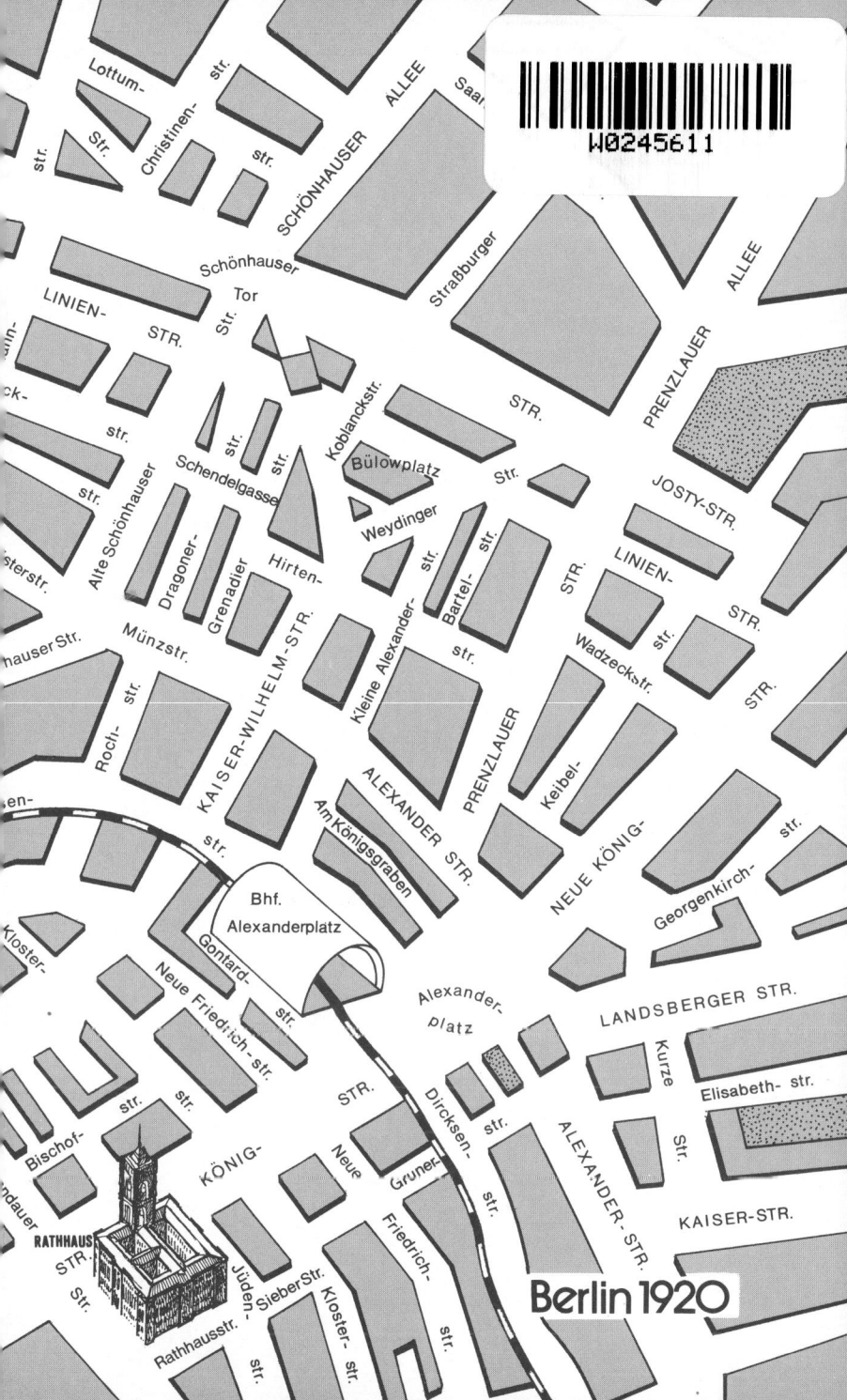

Berlin 1920

Katrin Ludwig

Ein kleines Ei ist auch ein Huhn

Katrin Ludwig

Ein kleines Ei ist auch ein Huhn

Von jüdischen Feiertagen und
Kochtöpfen

EDITION
SCHEUNENVIERTEL

ISBN 3-355-01442-7

© Verlag Neues Leben GmbH, Berlin 1995
Schutzumschlag: Ingrid Engmann
unter Verwendung eines Fotos von Janusz Rosikon
Satzherstellung: büro b, Berlin
Lithographie: Reproanstalt/Neumünster
Druck und buchbinderische Weiterverarbeitung:
Druck- und Verlagsanstalt Wiener Verlag GmbH

Für meine Mutter

Vorwort

Essen und Trinken hält Leib und Seele zusammen, heißt es. Dieses Buch erzählt von jüdischen Feiertagen, Mahlzeiten, Sitten und Gebräuchen.

Küche, Kochen, Kochrezepte, Familie und Feste - zu diesem oder jenem ist es zu befragen. Geschichten von Menschen sind darin verwoben, zum Beispiel die der alten Mara, denn Familienfeste und Festtafeln sind ein Urgrund langlebiger Geschichten,wie sie von meiner Mutter, einer russischen Jüdin, erfahren und erzählt wurden, ein Leben lang. Das Scheunenviertel in Berlin, das „Schtetl und die Mulackei" sind der lokale Hintergrund, doch die Küche und ihre Gesetze sprengen Grenzen und Zeiten und verweisen auf Geschichte und Herkunft der Juden.

Essen und Trinken schaffen Erinnerungen und verankern sie im Menschen. Das ist eine andere Art von Heimat, die man in sich trägt und jederzeit lebendig sein lassen kann.

Dieses Buch ist kein Lehrbuch, es versammelt keinen Kodex. Einen „Küchen- und Feiertagsblick" wollte ich geben, einen in einen anderen Kulturkreis, der uns so fremd nicht ist, wenn man seine liebenswer-

ten, duftenden, schmeckenden, fremdartigen und doch nicht unver-trauten Genüsse einmal erfahren hat und den Glanz seiner Feste. Kochrezepte sind Wegweiser zur Geschichte eines Volkes. Sie können Brücken sein zum gegenseitigen Verständnis.

Ich weiß von den Grenzen dieses Buches, wie sollte auch die Kultur von Jahrhunderten auf ein paar Seiten passen. Berlin und sein Scheunenviertel lebendig zu erhalten, gibt es viele Möglichkeiten. Dieses Buch ist eine bescheidene, doch hat sie einen praktischen Erfahrungswert, der nachzuempfinden ist am eigenen Herd, in den Restaurants des Scheunenviertels, unter den Menschen, die in Berlin leben.

Um allen unterschiedlichen Schreibweisen gerecht zu werden, richtet sich dieses Buch nach dem „Neuen Lexikon des Judentums" (München 1992) und erhofft sich damit eine Verständigungsmitte. Die Zitate folgen der Schreibweise des jeweiligen Autors.

Zu danken ist lieben Freunden für Gedanken und Geschichten. Zu wünschen ist, daß dieses Buch dazu verführt, Kulinarisches und Kulturelles aufzunehmen, sich einfach daran zu erfreuen und den Blick für das Scheunenviertel in Berlin auf neue Weise zu erfahren.

K. L. - 1994

Sehnsucht nach Zeugnissen und die Erinnerungen an ein früheres Leben führen die alte Mara durch die grauen, wenig belebten, aber doch geschichtsbewegten Straßen des Scheunenviertels. Sie verlangt trostlosen, steinernen Zeugen, die sie wiederzuerkennen meint, Beweise ab, die so schnell nicht zu belegen sind. So bleibt es eher bei Wunschbildern, auf graues Berliner Pflaster projiziert.

Mara gehört zu jenem Typ kleiner Frauen, hinter deren Zartheit und Zerbrechlichkeit ihre Stärke und Kraft stecken. Sie ist unerbittlich im Suchen ihrer Vergangenheit, auch wenn es zuweilen mehr Schmerz, als Freude bereitet. Sie erkennt in den Häusern noch die win-zigen, muffigen, feuchten Kellerläden. Sie kennt noch die „Mulackritze" in der Mulackstraße 15, das „Pritzkow", ältestes Kino in Berlin. Die Fleischerei an der Ecke Grenadier- und Hirtenstraße, vom Meier Silberberg die jüdische Leihbibliothek, die hebräische Buchhandlung in der Grenadierstraße, die Bäcker-, Obst- und Gemüsewagen, die Kleintierhandlung in der Hirtenstraße, in der doch vornehmlich Tauben in Käfigen auf Käufer warteten, die Lumpenhändler, die kleinen Kolonialwarenläden und das vegetarische Restaurant an der Neuen Schönhauser - ein Film läuft vor Ma-ras Augen, der die Straßen, durch die sie geht, verwandelt, nahbar macht.

„Das Alter zwingt einen in die Spur", sagt sie. „Da gibt es fast eine Sucht nach dem Wunder der Erinnerung."

Mara guckt, erzählt, geht zu sich selbst, wo immer sie sich zu finden glaubt.

Vier Kinder hat sie dem Mann geboren, einfache Leute sind sie gewesen und doch reich genug, die Kinder groß werden zu lassen. Das Scheunenviertel war Heimat, hatte ihnen vier Wände und ein Dach geboten. Mara hatte getan, was zu tun von ihr erwartet wurde, und was sie als Mädchen gelernt hatte. Gelernt hatte durchs Zugucken, Zuhören, und von den Brüdern wußte sie die Vorschriften. Zu viel lernen verdirbt den Charakter, sagte die Mutter immer.

Kochen ist Maras Leben gewesen und ein wenig noch geblieben, obwohl die Kräfte den Töpfen und Pfannen, den Riten und Bräuchen, den Gesetzen und Wünschen nicht mehr so gewachsen sind. Sie kennt alles, was die strenge jüdische Küche ausmacht. Sie kennt die Speisen in „ihren Gewändern". Das will auch sozial verstanden sein, die armen oder die reichen Küchen, die strengen oder die vermischten.

„Damals", sagt Mara seufzend, „damals lerntest du zu kochen, den Haushalt zu führen, auf den Mann zu warten, den der Tate (der Vater) und der Schadchen (der Heiratsvermittler) anbrachten. Dann bekamst du Kinder, hast gekocht, den Haushalt geführt und wieder auf den Mann gewartet, der da irgendwo unterwegs war.

Eine jüdische Frau ist doch sehr etwas anderes als ein jüdischer Mann. Das beginnt schon mit der Geburt. Ist es ein Sohn, scheint die Sonne, ist's eine Tochter, wird's dunkel, sagt man.

Freilich gab's später ein Fest in der Synagoge, der Vater durfte während des Gottesdienstes aus der Thora lesen und auf der Bimah (Plattform) stehen. War es ein Mädchen, dann bekam es hier seinen Namen. War es aber ein Junge, gab es ein extra Fest und ein Festessen, so üppig, wie man es sich eben leisten konnte, aber daran mochte man erkennen, wer hier das Leben bestimmt hat. Jedenfalls die Weltfragen, wie man so sagt; zu Hause - das ist etwas anderes! Da ist die Frau das Haus des Mannes. Wer sonst sollte ihm zur Seite stehen?"

Kochen war für Mara Pflicht und Kür, Sieg oder Niederlage, ihre schönste Möglichkeit, der Familie Liebe zu zeigen, aber auch Trost in der Eintönigkeit, der Einsamkeit eines Frauenlebens.

Koscher - t'rejfe - parewe

Die jüdische Küche trägt, vielleicht wie keine andere, die Geschichte ihres Volkes in sich, seine Wanderungen durch die Länder dieser Welt, seine Verzweigtheit, seine biblische Geschichte. Ein Grund mehr vielleicht für die Unerbittlichkeit und Strenge seiner Speisegesetze. Speisegesetze, wie sie Moses lehrte und wie sie von Generation zu Generation überliefert wurden. Wenn auch durch Generationen und Zeiten die Bräuche gelockert sein mögen.

Koscher (oder rein) ist das Fleisch aller vierbeinigen Säugetiere, deren Hufe gespalten und die Wiederkäuer sind.

T'rejfe (oder unrein) und deshalb untersagt ist das Fleisch von Schweinen, Raubvögeln, Fischen ohne Schuppen und Flossen (z. B. dem Stör), weiterhin Muscheln und Krustentiere. Ebenfalls verboten ist das Fleisch von gerissenen Tieren.

Parewe - also neutral - sind Nahrungsmittel wie Eier, Obst und Gemüse, Mehl, Brot, Gewürze oder Getreide. Sie dürfen nur in Pflanzenfett gegart oder in Wasser gedünstet werden. So können sie dann sowohl zu milchigen oder fleischigen Speisen gegessen werden, denn das ist die andere elementare Unterscheidung: milchig oder fleischig.

Ließen es die sozialen Möglichkeiten zu, gab es das gesamte Küchengeschirr doppelt. Wo nicht, wurde es abgewaschen und auch dieses getrennt, je nach dem Charakter der Mahlzeit.

Nur zu Ostern - da wurde ein gesondertes Geschirr ausgepackt, zweifach geführt, diente es den milchigen und fleischigen Speisen.

Um koscheres Fleisch zu gewährleisten, wurden die Schlachttiere geschächtet. Mit einem speziellen Messer durchschnitt ein ritueller Fleischer (der Schojchet) die Halsschlagadern der Tiere. Das mußte rasch und sicher geschehen, denn der Blutverlust betäubte die Tiere schnell. Die weitere Bearbeitung des Fleisches erfolgte durch einen gewöhnlichen Schlächter der ko-scheren Fleischerei.

Mara koscherte zu Hause nach, wie sie es durch die Mutter gelernt hatte.

Sie wässerte das Fleisch etwa eine halbe Stunde, und wenn kein Tropfen Blut mehr im Fleisch war, salzte sie es und begann es zuzubereiten.

Jedes Organ hat s e i n e Art, nachgekoschert zu werden: Leber wird kreuzweise aufgeschnitten, gesalzen und über dem Feuer geröstet. Das Herz wird der Länge nach aufgeschnitten, Blutstreifen und Adern werden entfernt. Tierfett wird enthäutet. Fleisch und Knochen werden getrennt gekoschert. Fisch hingegen ist neutral, soweit er überhaupt erlaubt ist, also Schuppen und Flossen hat, und kann mit Milchigem oder Fleischigem vereint sein. Ebenfalls Eier, die jedoch keine Blutflecken im Eidotter enthalten dürfen.

13

Schwierig eine Begründung für die Strenge dieser Unterscheidung zu finden. Maras Lesart stimmt mit der überein, die darin vor allem einen Schutz für das beginnende Leben sieht. Das 5. Buch Mose sagt: Du sollst das Böcklein nicht in der Milch seiner Mutter bereiten. Martin Luther interpretierte dies als Schutz des jungen Tieres: Du sollst das Böcklein nicht schlachten, dieweil es an der Mutter saugt.

So mag der Ursprung solcher Gesetzgebung in einer Schutzfunktion zu suchen sein. Sie ist der Grund für die Doppelung zumindest des Geschirrs, unter Umständen auch der Schränke, in denen es aufbewahrt wurde, in orthodoxen jüdischen Haushalten bis heute. Mara jedenfalls hält daran fest.

Sabbat heißt ruhen

„Mehr als Israel den Sabbat bewahrt hat, hat es der Sabbat bewahrt." (1)

Es ist der siebente Wochentag, der siebte Tag der Schöpfung. Auch Gott ruhte nach der Erschaffung der Welt an jenem siebten Tag. Ruhe gilt und das Studium der Schrift. Freude soll walten und Frieden, und es gilt das heilige Verbot der Arbeit, denn Sabbat, oder hebräisch Schabbat, heißt ruhen.

Doch vor dem Sabbat gibt es den Freitag, den Rüsttag vor dem Sabbat. Ein arbeitsreicher Tag, aber auch ein hoffnungsvoller. Er bringt alles hervor, was in Küche und Kammer über die Woche gesammelt wurde. Maras Woche war eher bescheiden, was den Küchenzettel anbetraf. Der Sabbat bestimmte das wöchentliche Essenangebot und auch der hatte so manches Mal nur einen Gang mehr als in der Woche.

Ein kleines Liedchen von Kartoffeln, die *bulbes* heißen, und eine Geschichte erzählen von nackter Armut, die herrschte:

Zintik bulbes,
Dinstik bulbes,
Mitvoch bulbes,
Dunerschtik in frajtik bulbes,
schabbes a novine: bulbenkigele,
Zintik vajter bulbes. (2)

Es war einmal ein bettelarmer Mann, der am Freitag nicht einmal einen Groschen hatte, um Fisch, Fleisch, Barches oder Lichter zu kaufen. Seiner Frau hatte er nicht gestattet, die Nachbarn um eine Mizwe, eine Guttat, zu bitten. So konnte ihm die verhärmte, kinderlose Frau nichts zum Schabbath vorsetzen.

Um den Schabbat dennoch zu heiligen, sprach er alle B'rachroth, die Segenssprüche, wie sonst, schnappte sich sein Weib und tanzte mit ihr eine Runde. Das war der erste Gang, der Fisch! Er tanzte wieder mit ihr, das war der zweite Gang, die Suppe. Und noch einmal schwang er sich fröhlich mit ihr in der Stube herum, das war der dritte Gang, das Fleisch. Diese Heiligung des Schabbat mit nichts als reiner Freude, war dem HERRN wohlgefällig. Die himmlischen Heerscharen jubelten und die Engel tanzten im Paradies. Zum Dank für seine Gottgefälligkeit wurde dem Paar ein Sohn geboren, der später ein berühmter Rabbi war. So jedenfalls wird die Geschichte erzählt. (3)

Der Freitag brachte den jüdischen Frauen und Mädchen die Arbeit von zwei Tagen und forderte das Essen für zwei Tage fertig auf dem Tisch oder im Ofen.

Dazu kam: Schön sollte alles sein, die Erinnerung an den Alltag sollte verdrängt werden von der Feierlichkeit des Sabbats. Keine Arbeit, kein Ärger, keine Trauer. Ein Tag der Freude und der Hingabe an Gott.

Am Freitag wurde die Wohnung aufgeräumt, saubergemacht, gescheuert, geputzt. Zum Abend wurden die Feiertagskleider hervorgeholt oder auch nur die Schürzen abgelegt.

Im Ofen köchelten die Speisen, das Weißbrot war gebacken, das Huhn, der Fisch, der Wein standen bereit.

Waren der Mann und die Söhne zur Synagoge am Freitagabend, deckten Mara und die Mädchen die Festtafel. „Wir haben es Festtafel genannt. Ein Unterschied mußte sein. Die Woche über deckten wir immer nur den Tisch; am Sabbat war es die Festtafel mit der schweren weißen Decke, dazu den geputzten siebenarmigen Sabbat-Leuchter, den ich von meinen Eltern selig geerbt habe. Ein Licht gab es für mich, die Hausfrau, zwei für die Kinder, und unser Salzfäßchen, das durfte auf keinen Fall fehlen.

Der Vater hatte sein Weinglas, damit er den Weinsegen sprechen konnte. Dazu stellte ich die zwei Weißbrotzöpfe, die Berches oder auch Challes genannt, geflochten, goldgelb und mit Mohn bestreut. Mutter nannte sie auch Eierzöpfe und erzählte dazu die Legende vom Haaropfer, das die jüdischen Frauen früher am Tage ihrer Hochzeit der Fruchtbarkeitsgöttin brachten. Denn von nun an durften sie keine Haare oder nur sehr kurze tragen, bis an ihr seliges Ende. Tücher und Perücken bedeckten die kahlen Köpfe unserer Mütter. Die Perücken wurden Scheitl genannt und hatten, wenn irgendmöglich, die Farbe des natürlichen Haares. In die Tränen der Bräute am Hochzeitstag mischten sich die Kummertränen um das verlorene Haar.

Zwei feine Servietten unter und über den Weißbroten erinnerten an das Manna, das Wunderbrot, das mit dem Tau vom Himmel gefallen war, als die Juden nach ihrer Flucht aus Ägypten in der Wildnis zu verhungern drohten."

Vor Sonnenuntergang, dem beginnenden Abend, wurden die Lichter angezündet. Dem Schein der Kerzen trug Mara das Gebet an, all ihre Wünsche und ihre Sehnsüchte mag sie da hineingewoben haben, auch ihre Sorgen und ihre Hoffnungen. Dazu die Liebe zu den Kindern, die Ehrfurcht vor dem Mann, die Bitten um Vergebung für heimliche Sünden - all das erreichte den hellen Schein des Lichts. Gelobt seist Du, Ewiger, unser Gott, König der Welt ...

Maras Erinnerungen lassen Tochter Betty nie aus, die sich in den Sabbat-Gast verliebt hatte.

„Waren die Kerzen angezündet, warteten Betty, Fanny und ich auf die Rückehr des Vaters mit den Söhnen und auf den Sabbat-Gast, den er mitbringen würde.

Das war eine gute Sitte, einen der am Freitagabend einsam, allein und fremd in die Synagoge kam, mitzubringen. Der Sabbat-Gast hatte seinen Platz an unserer Tafel.

Einmal kam einer, und unsere Betty hat sich in ihn verliebt. Haben sich schöne Augen gemacht, die beiden, und sich angeschaut, als könnten sie ohne einander nicht mehr weiterleben.

Was war der Tate ärgerlich. Mir hat sie leid getan.

Ich wußte schon noch wie das ist, wenn man einen lieb hat. Dreimal hat es der Junge geschafft, als Sabbat-Gast zu uns zu kommen, dann wurde Bettys Liebeskummer dem Tate zuviel.

Hat sie bald verheiratet. Hat den Schadchen, den Heiratsvermittler, geholt und meine Betty an einen älteren Mann vergeben. Der hat sie mitgenommen. All meine Tränen waren umsonst. Später aber war doch ein Segen dabei, denn die Betty hat es am Ende besser gehabt als wir alle. Er hatte genug Geld, um mit ihr auszuwandern, nach Amerika. Sie hat die schlimmen Jahre in Deutschland überlebt, ist nicht umgekommen. So ist mir von all meinen Kindern eine Tochter geblieben. Eine! Aber weit weg ist sie."

Das ist Maras Kummer. Die Tochter weit weg, nicht in Deutschland. Mara lebt allein, wartet allein auf den Tod. Es sind die Enkel, die zuweilen herbeigeflogen kommen. Nein, Betty betritt deutschen Boden nicht mehr. Und wenn die Mutter nicht zu ihr kommen will, muß sie wohl allein bleiben. Die Tochter ist so konsequent wie die Mutter - aber Mara ist eine alte Frau.

Gut Schabbes - gut Schabbes! Das wünschten sie sich, wenn der Vater und die Söhne, Jakob und Josef, aus der Synagoge kamen, und dann begann, was jeden Sabbat-Vorabend begann und immer wieder von neuem, wie bei Schimmel Knofeles, von dem der jüdische Autor Sacher-Masoch in einer Geschichte, im 19. Jahrhundert in Galizien spielend, erzählt:

„Schon stand der Abendstern am Himmel, schon wurden in den hölzernen Häusern der kleinen Stadt die Lichter auf den Kronleuchtern angezündet, als sich

Schimmel Knofeles endlich auf der Schwelle seines Hauses zeigte. Zebedia, seine Frau, hatte bereits Angst, dass er, der Fromme, Gewissenhafte, den Sabbath verletzen könnte, sie sah ihn noch mit dem Bündel auf dem Rücken durch den Staub der Landstrasse waten, während Israel bereits im Festglanz prangte, aber da war er schon, Gott sei gedankt! und stand in der offenen Thüre mit seinem gutmüthig schalkhaften Lächeln. Zebedia hatte schon die grosse Stube und den Tisch hergerichtet, die Kinder angezogen und sich selbst mit dem Ueberrock von dunkelrother Seide und der Stirnbinde geschmückt. Der Rubinglanz ihres Gewandes und das Feuer der falschen Steine, die ihr Haupt umgaben, stimmte trefflich zu ihrer südlichen Schönheit, welche die Lieder des Hafis in das Gedächtniss zurückrief, zu ihrer üppigen Gestalt, ihrem weissen Teint, ihren rothen Lippen und den grossen, schwarzen Augen. Das dunkle Haar war am Hochzeitstage unter der unerbittlichen Scheere gefallen.

Schimmel lächelte noch immer, zuerst in seiner herzlichen Freude über das schöne, geliebte Weib und dann im Gefühl der Schätze, die er brachte ...

Der kleine magere Jude, dessen Nase wie vom Sturm geknickt herabhing und dessen Rücken gekrümmt war, als hätte ihn die Natur erschaffen, Lasten zu tragen, lief die ganze Woche umher, von Stadt zu Stadt, von Dorf zu Dorf, von Edelhof zu Edelhof, im Schneegestöber, im Regen, in der glühenden Sonnenhitze, schwer beladen mit seinen Waaren ...

Wenn er aber am Freitag zurückkehrte und wieder im Kreise der Seinen beim Nachtessen sass, war er für alle Mühe, für alle Entbehrungen reichlich belohnt ...

Nachdem Schimmel sich gewaschen und das Wo-
chenkleid mit dem seidenen Talar vertauscht hatte, traten alle zusammen an den Tisch, über dem die
Sabbathlampe brannte und Schimmel begann das
Sabbathgebet. Seine Stimme klang erst gedrückt, wie
wenn er noch den Wochenstaub im Halse hätte, aber
immer freier und mächtiger; der kleine Mann, der die
Hände erhoben hatte und den Gott Abraham's, Isaak's
und Jakob's anrief, schien mehr und mehr zu wach-
sen, und sein braunes Gesicht verklärte sich, der
Schacherjude wurde zum Priester, zum Fürsten, zum
Patriarchen.

Als das Gebet zu Ende war, brach er das Brod und
Zebedia trug den Karpfen in der Rosinensauce auf, alle
setzten sich an den Tisch und assen und als Schimmel
um sich blickte, stolz wie ein König, sah er, dass die
Sabbathlampe nur zufriedene, glückliche Gesichter be-
schien." (4)

Maras Sabbat-Abend sah vielleicht ähnlich aus. Mit der
Rückkehr des Vaters und der Söhne begann das Zeremoniell.

„Gut Schabbes!" - das ist der Gruß mit dem der Vater das Zimmer betritt. Dann begrüßt sein Gebet den
Sabbat-Engel. „Friede sei mit Euch, Ihr barmherzigen
Engel, Boten des Allerhöchsten ..." Die Söhne tun es
dem Vater gleich.

Sein zweites Gebet entstammt dem Kapitel „Lob für
die tugendhafte Frau" aus den Sprüchen Salomos: „Eine
Frau von Wert - wer kann sie finden? Denn ihr Preis ist
höher als der für Rubine. Das Herz ihres Mannes vertraut auf sie ..."

Der Tate schreitet auf und nieder, Frau und Töchter sitzen am Tisch.

Nun wird der zeremonielle Becher mit Wein von ihm gefüllt. Der Vater nimmt ihn in beide Hände und singt Kiddusch - das Gebet, das den Sabbat weiht - und den Segen über den Wein. Der Becher, bis zum Rand gefüllt, soll Reichtum symbolisieren. Während der Vater kiddusch macht, sind alle Familien-mitglieder aufgestanden. Ist das Gebet beendet, trinkt der Vater einen Schluck und reicht den Becher an seine Frau weiter. Alle sprechen den Segen über den Wein, bevor sie einen Schluck trinken, aber nicht den Kid-dusch, die Weihe. Das bleibt dem Ältesten (oder auch dem gelehrtesten) Mann in der Familie vorbehalten.

Diese Zeremonie bringt der Familie die Gegenwart der Göttin Sabbat und die Teilnahme der Familienmitglieder an der Sabbatheiligkeit.

Jeder Sabbatmahlzeit geht die zeremonielle Waschung der Hände voraus, dreimal wird Wasser über die Hände gegossen und der Segen dabei gesprochen.

Die lange Mahlzeit beginnt mit dem Segnen des Brotes, der Berches. Der Vater nimmt die Serviette von den Broten weg, hält beide Brote hoch, legt sie gegeneinander, streicht mit dem Messer über das eine Brot und zerschneidet das andere. Jeder erhält eine mit Salz bestreute Scheibe und dazu den „Segen für das Brot". Dann kann das Mahl beginnen.

Vier Mahlzeiten sind es, die der Sabbat hat. „Sabbateingang", sagt Mara, „war der schönste Teil des Sabbats. Es ist ein heiteres Mahl. Wenn auch der Kopf des Fisches immer dem Vater vorbehalten war. Nie hat er ihn gegessen, immer hat er ihn mir gegeben. So hat er mir Liebe und Achtung vor allen erwiesen. Die Kinder lobten die Suppe und die Feinheit der Nudeln und wollten dem Vater in Freundlichkeit zu mir nicht nachstehen.

Wir haben uns mit dem Essen Zeit gelassen, sprachen mit den Kindern über unser Leben, hatten Zeit für ihre Fragen. Wir lasen die Schrift und machten uns Gedanken über die Worte und deren Auslegung. Und heiter waren wir, haben gelacht und gewitzelt.

Was war unser Tate auch für ein Geschichtenerzähler! Was konnte er lachen, daß ihm die Tränen über die Wangen liefen.

War ein letztes Mal Wasser über die Finger gelaufen und waren die Messer weggetragen, dann sangen wir Tischlieder, die Zemiroths, und jeder gab seine Schnurren zum besten von anderen Sabbatmahlzeiten. Am schönsten hat die Betty singen können, ich hab am besten zuhören können und mögen; nur der Tate, der konnte alles, singen, erzählen und zuhören."

Maras Augen tragen Sehnsucht und den Schmerz des Vergangenen, aber auch die Freude der nicht tilgbaren Erfahrung eines großen Glücks.

Waren die Sabbatkerzen heruntergebrannt, ging die Mahlzeit ihrem Ende entgegen.

Sabbatkerzen dürfen nicht gelöscht oder ausgeblasen werden, denn kein Jude darf am Sabbat mit dem Feuer in Berührung kommen. Ein Schabbes-goj, ein Gemeindediener nichtjüdischer Herkunft, ging in kleinen Gemeinden und Stadtvierteln umher und löschte das Licht in den Fenstern.

„Es ist", sagt Mara, „ein gutes Gefühl in dir, an jedem Sabbat, weil du weißt, alle haben es. Und du weißt, es ist irgendwie Freude bei allen. Mir hat es immer Kraft gegeben."

Heinrich Heines Geschichte von Moses Lump, den alle Welt nur Lümpchen nannte, läßt ähnliches anklingen:

„... der läuft die ganze Woche herum, in Wind und Wetter, mit seinem Packen auf dem Rücken, um seine paar Mark zu verdienen; wenn der nun Freitags abends nach Hause kömmt, findet er die Lampe mit sieben Lichtern angezündet, den Tisch weiß gedeckt, und er legt seinen Packen und seine Sorgen von sich und setzt sich zu Tisch mit seiner schiefen Frau und noch schieferen Tochter, ißt mit ihnen Fische, die gekocht sind in einer angenehmen weißen Knoblauchsauce, singt dabei die prächtigsten Lieder vom König David, freut sich von ganzem Herzen über den Auszug der Kinder Israels aus Ägypten, freut sich auch, daß alle Bösewichter, die ihnen Böses gethan, am Ende gestorben sind, daß König Pharao; Nebukadnezar, Haman; Antiochus, Titus und solche Leute tot sind, daß Lümpchen aber noch lebt und mit seiner Frau Fisch ißt ...

Die Fische sind delikat und der Mann ist glücklich, er braucht sich mit keiner Bildung abzuquälen, er sitzt vergnügt in seiner Religion und seinem grünen Schlafrock, wie Diogenes in seiner Tonne, er betrachtet vergnügt seine Lichter, die er nicht einmal selbst putzt. Und ich sage Ihnen, wenn die Lichter etwas matt brennen und die Schabbesfrau, die sie zu putzen hat, nicht bei der Hand ist, und Rothschild der Große käme jetzt herein mit all seinen Maklern, Diskonteuren, Spediteuren und Chefs de Comptoir, womit er die Welt erobert, und er spräche:

‚Moses Lump, bitte dir eine Gnade aus, was du haben willst, soll geschehen' ... ich bin überzeugt, Moses Lump würde ruhig antworten: ‚Putz mir die Lichter!' und Rothschild der Große würde mit Verwunderung sagen: ‚Wär ich nicht Rothschild, so möchte ich so ein Lümpchen sein!'" (5)

Selbst der ärmste Jude hat ein Sabbat-Huhn

Maras Satz, oft zu lesen und zu hören, gehört wohl zu den Standard-Sätzen, die das Leben geschrieben hat.

Die Speisen des Sabbats haben ihre feste Abfolge. Der Sabbat-Vorabend, hat seine Regeln, ebenso wie der darauffolgende Sabbat.

Ihren Sabbateingang beschreibt Mara so:

Nach Beendigung der rituellen Handlung wird der gefillte Fisch aufgetragen. Ihm folgt die Brühe, die goldene Jojch mit verschiedenen Suppeneinlagen. Ihr schließt sich das Sabbat-Huhn an, gekocht, geröstet, gebraten (es kann auch Ente oder Gans sein, je nach Geldbeutel).

Eine Zwischeneinlage oder auch Beilage sind farcierte Hälschen (gefüllte Hühnerhälse, aus denen die Knochen entfernt sind und stattdessen eine Füllung eingelegt wird) oder auch Kischkes, Därme mit delikaten Füllungen.

Nun wird der Zimmes gereicht, ein Auflauf, der süß oder salzig ist, aus Obst oder Gemüse, eine Nachspeise, die zumeist Trockenobst enthält und ebenso eine Beigabe zum Hauptgang sein kann. Maras Zimmes bestand aus Karotten in flüssigem heißem Honig.

Danach beschließen vielerlei Gemüse das Essen. Bei Tee mit Zitrone oder mit süßer, sehr edler Konfitüre und kleinem Gebäck hat der Sabbateingang seinen Abschluß gefunden.

Aber Mara erzählt auch von kargerem Sabbat-Essen. Da war das kleine Huhn schon das Ende der Mahlzeit und die Brühe, verdünnt mit viel Wasser, trug keine Fettaugen, leuchtete nicht golden. Keine Nachspeisen, nur wenige Vorspeisen, zumeist Gemüse in Dill und Knoblauchsauce. Wenn die Straßen des Scheunenviertels etwas reichlich hatten, dann waren es die kleinen ärmlichen (oder auch elenden) Geschäfte und Handlungen, in denen Gemüse verkauft wurde. Mara ging stets erst kurz vor Schluß kaufen. Da war es noch billiger. Und sie nahm dann nur das beste.

Mischket Liebermanns Erinnerungen an den Sabbat ihrer Kindheit ähneln der kargen Variante, die Mara auch kennt:

„Es ging bei uns tatsächlich so zu wie bei Heine in der ‚Prinzessin Sabbat‘. Die ganze Woche lebten wir wie die Bettler, am Sabbat aber wie die Könige. Es begann schon am Freitagabend. Meine Mutter zündete die Kerzen im silbernen Leuchter an. Ja, im silbernen Leuchter, der schon vielen Generationen gute Dienste geleistet hatte. Sie sprach ein kurzes Gebet und ließ die Tränen laufen. Vater und die Brüder gingen in die Synagoge. Wir Mädels deckten den Tisch festlich. Neben Vaters Platz kamen die selbstgebackene Chale, das geflochtene Weißbrot mit Mohn, zugedeckt mit einer weißen Serviette, und der selbstgemachte Rosinenwein. In die Mitte des Tisches der gefüllte Fisch.

Wenn die Männer aus der Synagoge heimkehrten, so nach zwei Stunden, saßen wir Mädels und die Mutter schon am Tisch in unseren ‚schönsten' Kleidern, das heißt ohne Schürzen. Jeder hatte seinen bestimmten Platz. Stehend, mit einem Glas Wein in der Hand,sprach Vater ein Dankgebet für den Wein, von dem wir nippten, für die Chale, von der wir alle ein Stück abbrachen. Zum Glück waren die Gebete kurz. Wir waren hungrig wie die Wölfe. Tagsüber wurde am Freitag doppelt gespart. Das Mahl begann. Mit Fisch, ganz wie es sich gehört. Dann folgte die Hühnerbrühe mit selbstgemachten Nudeln und etwas Hühnerklein. Keine Nachspeise. Das wäre schon Luxus. Alles andere war Brauch. Jede Woche dasselbe. Jahraus, jahrein. Und der Hunger, der sich schon am Sabbatausgang einstellte, war auch derselbe. Die Woche über nährten wir uns in der Hauptsache von Brot und Kartoffeln, in allen nur möglichen Varianten". (6)

Mara hatte einen reichen Vetter, einen Schuh-Fabrikanten, der behielt vom Sabbat-Huhn nur die Brühe. Das ausgekochte Fleisch ging an die ärmere Verwandtschaft, und Mara war jedesmal froh darüber, verdoppelte es doch die Fleischmahlzeit oder aber es war Fleisch für die Woche.

Mara wußte zu sparen, aber sie verstand es auch, den Feiertagen ihren Glanz zu verleihen.

Der Sabbat-Morgen, der frühe Sonnabend, verhieß kein oder ein karges Frühstück, etwas Gebäck, etwas Tee oder Kaffee. Dann begab sich die Familie zum Sabbat-Gottesdienst. Die Männer voran, gefolgt von Frauen und Söhnen. Die Töchter blieben zu Hause, spielten en und Söhnen. Die Töchter blieben zu Hause, spielten oder hatten Pflichten den jüngeren Geschwistern gegenüber.

Nach diesem Gottesdienst erfolgte die Sabbatmahlzeit, die sogleich eingenommen werden konnte, denn im warmen Herd warteten die fertigen Speisen. Am Freitag hineingeschoben, wurden sie am Sonnabend-Mittag gegessen, der Tscholent und der Kugel (auch Kig'l). Und sie waren zu diesem späten Zeitpunkt gut und wohlschmeckend, wenn der Ofen die Wärme hielt.

Ihre Zusammensetzung erlaubt - und erfordert - stundenlanges Köcheln. Die Zutaten blühen vielfach erst durch die lange Garzeit auf. „Das muß man lernen", sagt Mara. „Der beste Tscholent ist der, in dem das Wasser oder das Fett erst ganz am Schluß verkocht. Und anbrennen darf dir gar nix, sonst hast du versagt als Köchin und Hausfrau. Und besser gut und ein bissel, als schlecht und eine volle Schüssel, heißt es doch."

Tscholent, Kugel und der Zimmes sind die Krönungen des Sabbatessens. „Wer am Sabbat Tscholent und Kugel ißt, ist die ganze Woche lang satt." Ein Sprichwort, dem man glauben will, wenn man die Zusammensetzung, die unendliche und kalorienhaltige Vielfalt dieser Gerichte bedenkt.

Heinrich Heine rühmt in seiner „Prinzessin Sabbat" den Tscholent (oder auch Chalet) auf folgende Art:

> „Schalet, schöner Götterfunken,
> Tochter aus Elysium!
> Also klänge Schillers Hochlied,
> Hätt' er Schalet je gekostet.

Schalet ist die Himmelsspeise,
Die der liebe Herrgott selber
Einst den Moses kochen lehrte
Auf dem Berge Sinai,

Wo der Allerhöchste gleichfalls
All' die guten Glaubenslehren
Und die heil'gen zehn Gebote
Wetterleuchtend offenbarte.

Schalet ist des wahren Gottes
Koscheres Ambrosia,
Wonnebrot des Paradieses,
Und mit solcher Kost verglichen

Ist nur eitel Teufelsdreck
Das Ambrosia der falschen
Heidengötter Griechenlands,
Die verkappte Teufel waren.

Speist der Prinz von solcher Speise,
Glänzt sein Auge wie verkläret,
Und er knöpfet auf die Weste,
Und er spricht mit sel'gem Lächeln:

,Hör ich nicht den Jordan rauschen?
Sind das nicht die Brüßelbrunnen
In dem Palmenthal von Beth-El,
Wo gelagert die Kamele?

Hör ich nicht die Herdenglöckchen?
Sind das nicht die fetten Hämmel,

Die vom Gileathgebirge
Abendlich der Hirt herabtreibt?'...“(7)

Der Tscholent ist variantenreich, und beliebig werden
darin Gemüse, Fleisch, Grütze, auch Obst und Dörrobst miteinander ver- und gekocht. Am Freitagmittag
angesetzt, erreicht er durch langsames Köcheln (bis zu
24 Stunden) seinen eigentlichen Geschmack. Selbstver-
ständlich könnte er auch in kürzeren Kochzeiten gar
werden. Aber weil er auch langsames Köcheln verträgt,
ist er angesichts des Arbeitsverbotes zum Sabbat ideal.

Der „klassische“ Tscholent ist der Fleischtscholent
mit Limabohnen und Rinderbrust, Zwiebeln, viel Fett,
Salz, Pfeffer, Perlgraupen, Mehl und Paprika.

„Zusammengekochtes“ könnte man die Tscholents
auch nennen, „Eintöpfe“, wie sie von Landschaft zu
Landschaft verschieden sind, und doch zeichnet die
Tscholents etwas anderes aus: Sie sättigen in höherem
Maße, und sie sind durch das langsame Köcheln von
großer Geschmacksintensität. Zuweilen wird den
Tscholents noch ein Mehlkloß und Dörrobst hinzu-
gegeben, mit Nelken, Honig und Zucker zubereitet.
Süß und salzig in einem Topf ist nicht jedermanns Sa-
che, aber international durchaus vertraut.

Eine andere Variante vom Tscholent, aber auch ein
absolut selbtständiger Gang in der Speiseabfolge des
Sabbat-Mittagessens ist der Kugel.

Ein jüdisches Sprichwort sagt: Wer oft Kugel ißt,
muß auch alt werden. Ein anderes: Wenn die Frau keinen Kugel bereiten kann, schick ihr den Scheidungs-
brief.

Der Kugel ist ein Auflaufgericht, neutral, enthält also

keine Milch und kein Fleisch und überdauert keine Nacht im Backofen.

Nudeln, Kartoffeln oder Matzebrösel können die Grundlage sein. Vermischt mit Obst oder auch pur werden sie in gutgefetteten Kasserollen gar gemacht und sind warm gehalten oder auch kalt zu essen, je nachdem, ob als Hauptgericht oder als Beilage gedacht.

Den Abschluß des Sabbat-Mittags bildet der Zimmes.

Zimmes kann eine Beilage zu Fleisch, wie zum Tscholent, zu vielerlei Essen sein, ist aber auch ein Nachtisch.

Maras Karottenzimmes war eine Beilage, den Obstzimmes reichte sie als Nachtisch.

Auch der Zimmes ist abhängig davon, wieviel Geld auf die Woche dagewesen ist. Der Zimmes kann ein schwerer Gang sein, nämlich dann, wenn man ihn mit Fleisch kombiniert, Gemüse und Obst in Honig mit Nüssen dazu gibt und ihn mit viel Fett versieht. Dann hält es der Zimmes auch eine Nacht im Backofen aus, gart und entfaltet seine Düfte und ist ein „als Nachtisch verkleideter Hauptgang". (8)

Der Mittagsruhe und einem Glas Tee folgt wiederum der Gang in die Synagoge oder es setzen die Sabbat-Anhörungen ein. Vielfach wird die Friedlichkeit des Nachmittags auch dazu genutzt, einander zu besuchen, Kinder zu bewundern oder Gäste zu empfangen.

„Meine Eltern noch", sagt Mara „durften an Sabbat nicht mehr als zweitausend Schritte gehen. Hier in diesem Viertel, wo es so viele Betstibls gab, hat das allemal ausgereicht. Von der Schendelgasse, in der wir wohnten, bis vor zur Grenadierstraße waren es nur wenige Schritte, und hier hatte der Tate seine feste

Adresse und seinen Stammplatz. Da traf er Leute. Das war auch gut fürs Geschäft."

Vor Sonnenuntergang kommt die dritte Sabbat-Mahlzeit.

Im Talmud steht: Rabbi Jose sagt: Mein Teil möge unter denen sein, die am Schabbat drei Mahlzeiten halten. Der Nachmittagsgottesdienst und der Abendgottesdienst umrahmen die Mahlzeit.

Die dritte Mahlzeit besteht aus kleinen Speisen wie Fisch, Rohkostsalaten, zubereitetem Geflügelklein und aus den Resten vorangegangener Mahlzeiten.

Zum Sabbatende wird Hawdala (oder auch hawdole) gehalten, die Unterscheidung zwischen dem Sabbat und dem normal einsetzenden Wochentag.

Über den letzten Becher Wein - bis an den Rand gefüllt - spricht der Vater das Gebet, die jüngste Tochter hält die brennende Hawdala-Kerze aus geflochtenem Wachs, im Zimmer duftet die Bessomimdose mit all ihren Gewürzen. Der Hausherr schaut auf den Wein, trinkt das Glas fast bis zur Neige aus und löscht mit dem Rest des Weins die Kerze, indem er seine Finger eintaucht, sie über Augen und Ohren führt und dann den Docht ausdrückt. Auch die Söhne machen auf dieselbe Weise Hawdala, nur die Mädchen dürfen nicht von dem Wein trinken, „weil ihnen sonst ein Schnurrbart wächst".

„Eine gute Woche hat uns der Vater gewünscht; eine Woche, die für jeden von uns anders aussah", erinnert sich Mara, „die Kinder froh, endlich wieder hinaus zu dürfen, zu ihren Freunden. Ich sorgenvoller als der Tate. Denn dieser Mann, der mich seinerzeit ehelichte, war von kräftigem Mut und voller Vertrauen in den nächsten Tag. Das machte ihn stark auch für andere. Das blieb auch später so, als die Zeiten für uns schlimm wurden. Wir hätten ein längeres Leben miteinander haben sollen. Er war ein Mann, mit dem ich alt werden wollte, wenn er auch nie ein einfacher Mann war.

Wir waren immer zwei sehr verschiedene Menschen."

Und Mara fügt noch hinzu: „Meine Tochter Betty denkt heute bei Sabbatende schon wieder ans Kochen. Eine neue Generation schafft neue Gewohnheiten.

Das Sonnabend-Abendessen heutzutage heißt, frisches Essen auf den Tisch. Kein Ruhegesetz waltet mehr. Da spielt der Fisch natürlich wieder eine Rolle, dazu heiße, frisch gekochte Kartoffeln, Salate und Tee und Gebäck wie am Sabbat."

Es ist Sonnabend und eigentlich noch Sabbat-Zeit. Mara ist mehr als zweitausend Schritte gelaufen und den Erinnerungen gefolgt, so wie sie sie suchte.

Die dritte Mahlzeit steht auf dem kleinen Tisch am Fenster:

Gelierter Fisch, kaltes Fleisch, Hefebrot, etwas Gemüse, Tee in der Wärmekanne.

Mara lächelt. „Ich hab nur etwas gesündigt", sagt sie, „und jetzt kann man den Schabbes noch einholen."

Die Hawdala-Kerze brennt und Mara erwartet den Sabbatausgang. Sie sitzt am Fenster, um die ersten drei Abendsterne am Himmel früh genug zu sehen.

Sabbat-Speisen und ihre Rezepturen

Gefillter Fisch

Das ist die klassische Vorspeise, an denen die jüdische Küche reich ist.
Die Grundrezeptur:

ca. 2 kg Fisch (Karpfen, Hecht, Schellfisch, Zander),
10 süße Mandeln, 2 Eier, Salz, Pfeffer, 1 Tl. Zucker,
Semmelbrösel oder Matzemehl.
Der Sud: 1 l Salzwasser, 1 Eßl. Zucker, 2 in Scheiben
geschnittene Möhren, 2 in Scheiben geschnittene
Zwiebeln, 5 halbierte Mandeln.

Der Fisch wird ausgenommen, geschuppt, gereinigt. Das Fischfleisch von der Haut getrennt, ohne sie zu beschädigen (zuweilen wird auch empfohlen, den Kopf und den Schwanz an der Haut zu belassen).

Das entgrätete Fischfleisch wird mit den Zwiebeln und den Mandeln durch den Wolf gedreht. In die Fischfleischmasse werden Eier, Pfeffer, Salz, Zucker je nach Geschmack getan und die Masse wird mit Matzemehl oder Semmelbröseln abgebunden.

Die so entstehende Fischfarce wird danach wieder in die Fischhaut getan und diese gut verschlossen.

In den inzwischen aufgekochten Sud wird der gefüllte Fisch getan und muß etwa eine Stunde bei kleinem Feuer köcheln.

Danach wird der Fisch herausgenommen, gut abgetropft mit dem Sud übergossen, der schnell geliert und mit den gekochten Mohrrübenscheiben und Mandeln garniert.

Eine andere Art wäre, den rohen und behandelten Fisch in relativ dicke Scheiben zu schneiden. Aus den Scheiben wird das Fischfleisch vorsichtig entfernt, ohne die Haut und die Mittelgräte zu zerstören. Das Fischfleisch wird wie oben beschrieben zubereitet und vorsichtig wieder in die einzelnen Scheiben verbracht. Diese werden nebeneinander in den köchelnden Sud gelegt, der sie sanft bedeckt. Fischkopf und Schwanzteil werden mitgekocht und später, bevor die Fischscheiben mit dem Sud übergossen werden, als Dekoration auf die Platte gelegt.

Der Fisch kann warm und kalt gegessen werden. Am Sabbat natürlich kalt, wegen des Ruhegebotes. Dazu werden die Barches, Hefezöpfe, geriebener Meerrettich und roter Rüben-Saft gereicht sowie etwas Schnaps getrunken. Das muß nicht, das kann so und anders sein.

Man kann die Füllung für den gefüllten Fisch auch mit harten Eiern herstellen. In die wie oben beschrieben hergestellte Fischfarce werden zum Schluß zwei bis drei hartgekochte Eier ganz hineingegeben und dann wird der Fisch verschlossen.

Schneidet man den gekochten Fisch später in Scheiben, so bildet die darin aufgeschnittene Eischeibe ein hübsches Dekor.

Fisch ist die ergiebige Grundlage unendlich vieler Rezepte. Ein jüdisches Sprichwort sagt:

Ein Hering ist genug für zehn Esser.
Ein Huhn - kaum für zwei.

Fisch ist sehr beliebt als Vorspeisenspender. Sehr delikat ist auch:

Gebackener Hering

2 Heringe, 1 Apfel, 4 Eier, 1 Zwiebel, Essig, Salz, Pfeffer, 1 Scheibe Brot.

Heringe entgräten und über Nacht wässern. Die Brotscheibe einweichen und ausdrücken. Äpfel und Zwiebel hacken, das ausgedrückte Brot hinzugeben, Essig, Salz und Pfeffer nach Belieben. Eier schlagen und in die Masse geben. Das alles in eine eingefettete Auflaufform und bei 45 Grad oder Mittelhitze backen, danach in Quadrate schneiden und als Vorspeise warm oder kalt servieren.

Leberpastetchen, Sülzen, Hackfleischgemische, Eier-Zwiebelkombinationen sind beliebte Vorspeisen. Dazu gehört auch ein Püree aus Sesamsamen, *Tschina* genannt.

Die Samen werden im Mixer püriert, mit einem Glas Wasser, einer zerdrückten Knoblauchzehe, Salz, Pfeffer, einer Prise Paprikapulver, etwas Öl und gehackter Petersilie verrührt.

Chusmus

Ein halbes Pfund Kichererbsen werden in Salzwasser gegart und später im Mixer püriert. Das Püree wird mit Knoblauchpulver, Paprika und Zitronensaft abgeschmeckt. Daraus werden kleine Pastetchen geformt, die mit frisch gehackter Petersilie bestreut werden.

Mus kann auch aus Limabohnen, Auberginen, Eiern mit Zwiebeln hergestellt werden, der Phantasie sind keine Grenzen gesetzt.

Die goldene Jojch

Ihren Namen holt diese Hühnerbrühe von festlichen Hochzeitstagen her, die die „goldenen" sieben Tage genannt werden. Sie ist immer der Auftakt zu festlichen Mahlzeiten, ob Hochzeit oder Sabbat, und sie hat golden zu schimmern, aus unendlich vielen Fettaugen. Sie ist zum Synonym geworden für ein langes Fest: die goldene Jojch feiern.

Für die Suppe braucht man:

1 Suppenhuhn (etwa 1 kg schwer), 50 g rohes Hühnerfett, 3,5 l Wasser, 2 Zwiebeln, 1 Eßl. Salz. Nach Wunsch noch 2 Karotten, 3 Stangen Sellerie, 1 Petersilienwurzel, 2 Zweige Dill, 3 Zweige Petersilie.

Das Huhn wird ausgenommen und gereinigt, mit Wasser, Fett und Zwiebeln zum Kochen gebracht. Die restlichen Zutaten kommen nacheinander hinein. Das Fleisch weich kochen.

Huhn und Brühe werden getrennt serviert. In die Brühe kommen Lokschen (selbstgemachte Nudeln) oder Farfel, Teiglech oder Grieswürfel.

All das sind Suppeneinlagen, die auf der Grundlage von Wasser, Mehl, Salz und Eiern hergestellt werden. Der Teig wird geknetet, ausgerollt, getrocknet, und später in Streifen oder Kringel geschnitten.

Farfel, die äußerlich mehr den Graupen ähneln, werden aus einer Teigkugel hergestellt, die auf einer Reibe gerieben wird. So entstehen Farfel, die auf einem Brett trocknen müssen, später ca. 10 Minuten, wie auch die Nudeln, in Salzwasser gar kochen und abtropfen lassen.

Farfel ist auch eine Beilage zu Fleisch und Gemüse.

Das Sabbat-Huhn kann auf vielerlei Art angerichtet werden. Eine wohlschmeckende Variante ist:

Hühnerbraten auf jüdische Art

Ein 2 kg schweres Huhn, 2 Tassen Kartoffelbrei, 2 Eßl. rohes Hühnerfett, eine halbe Tasse geröstete Zwiebeln, 3 Tl. Salz, 2 Tl. Pfeffer, 1 Tasse kochendes Wasser.

In den Kartoffelbrei kommen ein Teil des Fettes, Salz, Pfeffer, Zwiebeln. Das Hühnchen wird dann mit dem Kartoffelbrei gefüllt und verschlossen, von außen gepfeffert und gesalzen und im vorgeheizten Backofen 45 Minuten gebacken. Danach erst kommt das Wasser hinzu, und unter mehrfachem Wenden bleibt das Hühnchen 1,5 Stunden im Ofen. Es ist während der Bratzeit mit dem Fond zu bepinseln.

oder: *Huhn im Topf gebraten*

1 Brathuhn (2 kg schwer), 1 Tasse feingehackte Zwiebeln, 4 Eßl. Hühnerfett, 2 Tl. Salz, 1/2 Tl. Pfeffer, 1/4 Tl. Knoblauchpulver, 1 Tl. Paprika, 2 Tl. Mehl, 2 Tassen kochendes Wasser.

Das Huhn wird in vier bis sechs Teile zerlegt, die mit Zwiebeln und Hühnerfett angebräunt, dann mit Salz, Pfeffer, Paprika, Knoblauchpulver und Mehl eingerieben werden. Dazu werden zwei Tassen kochendes Wasser gegeben. Zugedeckt ca. 2 Stunden köcheln lassen.

Beilig

Das ist ein kleines Essen, und es findet kalt und warm seine Liebhaber, als Vor- oder Zuspeise oder als Hauptgang.

4 Hähnchenbrüste, Pfeffer und Salz, Knoblauchpulver und Paprika.

Die Teile werden gewürzt mit oder ohne Zwiebeln im Topf gebraten, bis sie zart und knusprig sind.

Für einen schmalen Geldbeutel bei vielen Essern sind folgende Huhnvarianten gedacht:

Falscher Fisch

Der falsche Fisch täuscht in Zeiten, da Geflügel billig und Fisch teuer ist, und das ist er heutzutage sehr, einen gefillten Fisch vor und ist doch ein Huhn. Die Rezeptur ist halb vom Huhn und halb vom gefillten Fisch:

1 Huhn (etwa 2 kg) - wird weichgekocht.

Der Sud benötigt folgende Zutaten:

2 - 3 l Salzwasser, 1 Eßl. Zucker, je 2 in Scheiben geschnittene Möhren und Zwiebeln, 5 halbierte Mandeln, 2 Lorbeerblätter, 5 Pfefferkörner.
Dazu: 100 g Rosinen, 10 Mandeln, 3 mittelgroße Zwiebeln, 2 Eier, Salz, Pfeffer, etwas Zucker, Matzemehl oder Brösel, 60 g Hühnerfett.

Das gar gekochte Hühnerfleisch wird mit 10 Mandeln und 3 frischen Zwiebeln durchgedreht. Diese Fleischmasse wird mit Rosinen und Eiern verknetet, mit Salz, Zucker, Pfeffer gewürzt und mit dem Mehl zu kleinen Bällchen geformt, die in heißem Fett goldbraun gebakken werden. Man kann auch aus der Fleischmasse einen Fisch formen und den in der Pfanne backen.

Eine andere Möglichkeit, ein Huhn für viele Esser zuzubereiten ist, eine Füllung aus Brötchenteig herzustellen:

Die eingeweichten Brötchen werden mit Teig verknetet, da hinein kommen Zwiebeln, Sellerie, die zuvor in Fett gebräunt wurden. Alles zusammen wird in das Huhn getan und später mit dem Huhn gebacken.

Die Juden sagen: Kalbfleisch ist Halbfleisch, Taubenfleisch ist gar kein Fleisch. Daran mag die Liebe zu Geflügel erkennbar sein, und es korrespondiert mit der Fülle von Gerichten, die rund ums Huhn, die Ente oder die Gans gehen. Deswegen noch ein Angebot „außerhalb" des Huhns:

Ente mit Nudelfüllung

1 Ente (ca. 3 kg schwer), 3 Tl. Salz, 1 Tl. Paprika, 1 Tl. Pfeffer, 1/2 Tl. Knoblauchpulver, 3/4 Tasse gehackte Zwiebeln, 400 g geschnittene Champignons, 4 Eßl. Hühnerfett, 2 Eßl. gehackte Petersilie, 3 Tassen gekochte mittelbreite Bandnudeln, 2 geschlagene Eier.

Die Ente wird mit den Gewürzen bestreut. Entenleber, -magen und -herz werden durch den Fleischwolf gedreht. Die Zwiebeln und die Champignons werden in dem heißen Hühnerfett glasig gebraten, dazu kommen dann die durchgedrehten Innereien. Man brät alles kräftig ca. 5 Minuten durch. Dann läßt man die Mischung kalt werden, gibt die Petersilie, die abgetropften Nudeln dazu, etwas Salz und Pfeffer. Alles wird gut vermischt, in die Ente gefüllt, die verschlossen und in der Bratpfanne ca. 2 1/2 Stunden gebraten wird. Öfter drehen und übergießen.

Tscholent (auch Schalet - Scholet oder Chalet)

„Tate, wie schreibt man Tscholent?"
„Tscholent schreibt man nicht, Tscholent ißt man!"

Man muß sich die verschiedenen Rezepturen köstlichsten Eintopfs vorstellen, dann kommt man dem „König des Sabbat-Essens" eher auf die Spur. Die Grundlage können Fleisch und Gemüse sein oder auch Fleisch und

Kartoffeln. Vom klassischen Tscholent mit Fleisch und Limabohnen war bereits die Rede.

Seine Zubereitung:

3 Tassen getrocknete Limabohnen, 1,5 kg Rinderbrust, 3 gehackte Zwiebeln, 3 Eßl. Fett, 2 Tl. Salz, 1/2 Tl. Pfeffer, 1 Tasse Perlgraupen, 2 Eßl. Mehl, 2 Tl. Paprika.

Die Bohnen werden über Nacht eingeweicht. Fleisch und Zwiebeln werden gebräunt, mit Pfeffer und Salz bestreut, dann gibt man die Bohnen und Graupen hinzu. Alles wird mit Paprika und Mehl bestäubt,mit Wasser begossen, das etwa 3 cm über dem Topfinhalt stehen muß und bis zu 24 Stunden im schwach geheizten Ofen vor sich hin köcheln. Bei größerer Wärmezufuhr reichen auch 4 1/2 Stunden aus. Früher haben sogar die Bäcker für ihre guten Kunden den Ofen warm gehalten und das Schmoren des Tscholents übernommen.

Kartoffel-Tscholent

500 g koscheres Fleisch, 2 Zwiebeln, 2 Eßl. Öl, Salz, Pfeffer, Paprika nach Belieben, 2 zerdrückte Knoblauchzehen, 1 kg geriebene Kartoffeln, etwas Wasser.

Die Zwiebeln im Öl anbraten, das Fleisch dazugeben, ca. 1 Stunde kochen, die Kartoffeln und die Gewürze hinzugeben, mit Wasser bedecken und aufkochen lassen. Im Ofen ca. 2 - 3 Stunden köcheln lassen und dann warmhalten bis zum Verzehr.

Tscholents vertragen sich mit Klößen (aus Mehl oder aus Gries), in die rohes Hühnerfett oder gebräunte Zwiebeln eingeknetet werden, dann allerdings werden die anderen Zerealien, wie Bohnen oder Graupen weggelassen.

Daß man beim Tscholent nicht nach den Kalorien fragt, versteht sich von selbst. Tscholents sind fett und schwer, Herstellung und Kalorienreichtum entsprechen einander.

Aber der Gewinn ist eindeutig: es sättigt und schmeckt.

Der Kugel (auch: Kig'l) und der Zimmes

Was die Vielfalt und den kalorischen Gehalt angeht, so können beide Gerichte mit dem Tscholent mithalten. Es gibt davon auch süße Varianten, die nicht an Fleisch gebunden sind, was aber die Verwendung von Fleisch nicht ausschließt. Der Kugel ist eher ein Auflaufgericht, das durchaus nicht der runden Form bedarf. Die alten Kugelrezepturen verwenden zum Süßen stets Honig.

Eines der ältesten Kugelrezepte:

3 Tassen Mehl, 3 Eier, Salz, etwas Wasser.
Für die Füllung: 6 feingeschnittene mürbe Äpfel, 2 Tassen rohes feingehacktes Fett (Geflügel oder Rind), 1 Handvoll gewaschene, gequollene Rosinen, 1 Tasse Bienenhonig.

Der Teig wird geknetet und papierdünn ausgewalzt.

Die Teigoberfläche wird mit Fett belegt, darauf kommen die Äpfel und die Rosinen, zuletzt den flüssig gemachten Honig über die Füllung träufeln.

Der Teig wird zu einer Wurst gerollt und die wiederum schneckenartig zusammengedreht. Dann wird alles in eine gut gefettete Kasserolle gelegt und diese dann im Wasserbad in einen nicht allzu heißen Ofen geschoben. Hier gart der Kugel vom Freitag bis zum Sabbatmittag und kann, wenns der Ofen hergibt, noch heiß gegessen werden.

Varianten-Reichtum kann, wie gesagt, auch diesem Gericht bescheinigt werden, wie die nachfolgenden Rezepte es beweisen:

Perlgraupen-Kugel

1 Tasse Perlgraupen, 4 Tassen kochendes Wasser, 2 Tl. Salz, 250 g dünn geschnittene Champignons oder andere Pilze, 2 kleingehackte Zwiebeln, 2 Eßl. Fett oder Butter, 1/2 Tl. Pfeffer, 2 geschlagene Eier.

Die Perlgraupen mit Wasser bedecken, salzen, pfeffern und bei mäßiger Hitze etwa 45 Minuten kochen lassen. Die Pilze und Zwiebeln in einer Pfanne im Fett bräunen, zu den Graupen geben, dazu die geschlagenen Eier, Pfeffer und Salz und das ganze in eine ausgebutterte Pfanne geben. Im mittelheißen Ofen 45 Minuten backen lassen, bis der Kugel eine obere braune Kruste hat.

Dieser Kugel kann Kartoffeln ersetzen oder als Beilage zu Fleisch und Geflügel genommen werden. In diesem Fall verwendet man statt Butter Geflügelfett.

Reis-Kugel

4 Tassen kochendes Wasser, 1 1/2 Tl. Salz, 1 1/2 Tassen Reis, 6 Eier, 1/2 Tasse Zucker, 1 Tasse kernlose Rosinnen, 1/3 Tasse ausgelassene Butter oder Fett.

Den Reis gar kochen, das Wasser abgießen und die Eier mit dem Zucker schaumig schlagen. Da hinein den Reis rühren, dazu die Rosinen und das Fett bzw. die Butter. Dies alles auf eine gefettete Auflaufform tun und bei mittlerer Hitze ca. 45 Minuten backen, bis sich eine schöne bräunliche Kruste zeigt.

Kraut-Kugel

5 Tassen feingeschnittener Weißkohl, 2 Tl. Salz, 1/2 Tasse Fett, 1/2 Tasse kochendes Wasser, 1 1/2 Tassen Weißbrotwürfel, 1/3 Tasse Kartoffelmehl, 1/4 Tasse helle kernlose Rosinen, 3/4 Tasse enthäutete Mandeln, 2 Eßl. Zucker, 4 Eier.

Den Kohl mit Salz und Butter garkochen und abkühlen lassen. Das kochende Wasser über die Brotwürfel gießen, sie ausdrücken und mit Kartoffelmehl, Rosinen, Mandeln und Zucker vermengen. Das Eigelb vom Eiweiß trennen und das Eigelb in den gedünsteten Kohl tun, diese Mischung so glatt wie möglich mit dem Brot verrühren. Das Eiweiß schlagen, nicht allzu fest, und unter die Masse geben. Alles in einer Auflaufform bei mittlerer Hitze 40 Minuten backen lassen.

Zwiebel-Kugel

6 Eigelb, 3 Tassen feingehackte Zwiebeln, 1/3 Tasse Matze- oder Salzkeksmehl, 1 1/2 Tl. Salz, 1/2 Tl. Pfeffer, 4 Eßl. Fett, 6 Eiweiß zu festem Schnee schlagen.

Das Eigelb schlagen bis es dick ist, dann kommen die Zwiebeln, das Mehl, Salz, Pfeffer, Fett hinzu, daraus wird ein glatter Teig gerührt, unter den das geschlagene Eiweiß gehoben wird.

Die Masse wird in einer Auflaufform ca. 40 Minuten bei mittlerer Hitze gebacken.

Zimmes

Der Zimmes wie auch der Kugel kann eine Nachspeise sein und wird als solche zumeist gehandelt, kann aber auch bei einiger Phantasie als eine stabile Zwischenmahlzeit gereicht werden.

Zimmes ist süß durch seinen Anteil an flüssigem Honig und durch die Verwendung von Früchten: Dörrobst zumeist, über Nacht gewässert.

Er kann sich aber auch in einen Eintopf verwandeln und Zuspeise zum Tscholent und zum Kugel sein, wenn in ihm Obst und Fleisch vereint, also geschmort werden.

Die jüdische Küche behandelt den Zimmes als Zwischengang. Neben Obst bestimmen vielfach auch Karotten seinen Charakter.

Ein klassischer Obstzimmes, als Nachtisch gereicht, sieht so aus:

250 g Backpflaumen, 100 g getrocknete Feigen, 2 Äpfel in Scheiben geschnitten.

Das Dörrobst wird über Nacht eingeweicht, danach gekocht, gezuckert und später mit Zitronenscheiben belegt. Das ist ein angenehmes Kompott - heiß und kalt.

Andere Zimmes-Rezepturen haben auch schöne wohlschmeckende Eigenarten:

Milchiger Zimmes

500 g Backpflaumen, 4 Tassen kochendes Wasser, 1 Tasse Teig-Farfel, 1 Tl. Salz, 2 Eßl. Zitronensaft, 1/3 Tasse Honig und 4 Eßl. Butter.

Die Backpflaumen 1 Stunde einweichen, entsteinen und aufkochen lassen. Dann kommen die Farfel, Salz, Zitronensaft, Honig und Butter dazu, alles gut vermengt wird in eine Bratpfanne gegeben und in einem gut vorgeheizten Ofen ca. 45 Minuten gebacken. 1/4 Stunde früher wird der Deckel abgenommen.

Pflaumen-Kartoffel-Zimmes

250 g koscheres Fleisch, 1 geschnittene Zwiebel, Wasser, 5 mittlere Kartoffeln (geschält und gewürfelt), 1/2 Tasse Zucker, 250 g Pflaumen, 2 Tl. Salz, 1/2 Eßl. Mehl.

Fleisch und Zwiebeln schwach kochen lassen; Gemüse, Pflaumen und Salz hinzufügen und etwa 1 Stunde weiter kochen, bis alles weich ist. Dann mit Mehl und Wasser (oder Saucenbinder) den Saft eindicken. Der Zimmes soll dick und nicht suppig sein.

Empfehlenswerte Beilage zu Geflügel ist

Karotten-Apfel-Zimmes

4 Tassen geraspelte Karotten, 1 Eßl. feine Graupen, 3/4 Tasse geraspelte Äpfel, 3 Eßl. Butter oder Fett, 1/2 Tasse Wasser, 1/2 Tl. Salz, 2 Eßl. Zucker, 1 Messerspitze geriebene Muskatnuß.

Alles in einem Topf und gut zugedeckt ca. 2 Stunden bei mäßiger Hitze kochen lassen, bis die Graupen weich sind. Notfalls etwas Wasser zugeben.

Den Schluß der Mahlzeiten bilden

Desserts und Gebäck

zu Tee und feiner (!) Konfitüre, man sagt, aus kleinen Früchten hergestellt, zumeist von der Hausfrau selbst.

Die Trennung von Milchernem und Fleischernem ist für die Desserts insofern von Belang, weil 6 Stunden nach einer Fleischmahlzeit keine Speise gegessen werden darf, die mit Milch angemacht ist.

Umgekehrt kann auf eine Milchspeise schon zwei Stunden später eine Fleischspeise folgen.

Und da die Hauptspeisen selten ohne Fleisch sind,

enthalten die Desserts selten Milchanteile, was allerdings ihrer Appetitlichkeit und ihrem Geschmack keine Nachteile verschafft.

Ein neutrales Dessert ist Eis, es ist parewe - also neutral. Es hat allerdings eine eigene Zubereitung:

750 g überreifes Obst (Bananen, Himbeeren, Erdbeeren oder Aprikosen) 4 Eier, 1/2 Glas Speiseöl, Zucker.

Alles wird miteinander vermischt, zu einer glatten Masse verrührt, in Gefäße gefüllt und eingefroren. Man kann auch das Eigelb zunächst unterrühren und den steif geschlagenen Schnee später drunterziehen.

Das Gebäck kennt salzige und süße Küchlein.

Matze-Pletzel

2 Matzen, Wasser oder Milch, 3 - 4 Eier, Salz und Pfeffer.

Die Matze wird mit kochendem Wasser übergossen, durchziehen lassen und auspressen. Eier und Gewürze dazu tun und alles schlagen. Den Teig in Fett auf der Pfanne backen, später mit Zucker und Zimt bestreuen und heiß servieren.

Mohnplätzchen

500 g Mehl, 200 g Zucker, 2 Eier, 1 Päckchen Backpulver, 200 g gemahlenen Mohn, 150 g Margarine oder Butter.

Die Zutaten zusammenkneten, den Teig mit Eidotter, Wasser und Öl befeuchten und mit Mohn und Zucker bestreuen. Bei mittlerer Hitze 20 Minuten backen.

Das ist eine beliebte Beilage am Sabbat zu Wein und Schnaps vor dem Essen.

Lejkecher

330 g Zucker, 330 g Mehl, 10 Eier, 1 Zitrone, 1/2 Päckchen Backpulver.

Eiweiß mit Zucker steif schlagen, dann die Eidotter darin verrühren. Das mit Backpulver gemischte Mehl allmählich dazugeben, dann den Zitronensaft unter den Teig ziehen. Das Blech einfetten und mit Pergamentpapier auslegen, darauf den Teig geben und bei gut geheiztem Ofen eine 3/4 Stunde backen lassen.

Man kann das Gebäck zu Wein oder Milch essen. Mit Wein beträufelt ist es als Dessert nicht unbeliebt.

Honiglejkecher

400 g Mehl, 100 g Puderzucker, 15 g Natron, 250 g Honig, 2 Eier, 1/4 l Milch oder Wasser, 25 g Lebkuchengewürz, 200 g geschälte Mandeln, Margarine zum Einfetten und Mehl zum Bestäuben.

Den Honig erwärmen und solange rühren, bis er flüssig ist. Die Eier mit dem Puderzucker schaumigschlagen, Mehl und Natron vermischen und in der Mitte eine Mulde schaffen. Da hinein kommen Honig, die Teigmasse und alle anderen Zutaten und werden mit dem Teig verknetet. Es empfiehlt sich, die Masse in eine gut gefettete Kastenform zu geben und bei mittlerer Hitze 80 Minuten backen zu lassen.

Der Kuchen kann ruhig ein paar Tage alt werden, dann schmeckt er am besten.

Großmutters Kichlech

2 Eigelb, 2 Eßl. Rahm, 2 Eßl. Zucker, 250 g Butter, 250 g Mehl, Vanillezucker, 50 g gehackte Nüsse, etwas Zimt.

Eigelb, Zucker und Rahm 10 Minuten schaumig schlagen, Mehl und Butter hinzufügen und gut durchkneten und dick auswalzen. Dann Formen ausstechen, auf ein gefettetes Blech setzen, mit Vanillezucker, Nüssen und Zimt bestreuen, im mäßig heißen Ofen schwach braun werden lassen.

Das ißt man gern am Sabbatmorgen zum Tee.

Der jüdische Kalender

„Vor unendlich langer Zeit hat der Allmächtige viele Welten geschaffen, die er wieder zerstörte, da sie ihm nicht gefielen. Schließlich hob er seine Rechte und spannte den Himmel, dann streckte er die Linke und schuf die Erde. So entstand die Welt, auf der wir alle leben.

,Allmächtiger Gott!' seufzte die Erde, ,ich bin so weit entfernt von dir, der Himmel ist dir nah, ich bin einsam und allein.'

Gott aber erwiderte: ,Dir soll kein Unrecht geschehen, ich habe für alles, was ich geschaffen habe, vorgesorgt. Menschen und Tiere, Bäume, Pflanzen und Vögel werden dich bevölkern. Bald wirst du voller Duft sein, es werden Blumen blühen, Früchte reifen, die Menschen und Tiere ernähren.'

Da beruhigte sich die Erde und Gott ging an seine Arbeit, denn die Schöpfung war noch nicht vollendet. Er schuf die Sonne und den Mond. Kaum waren sie am Himmel aufgegangen, verschwand die Finsternis und die ganze Welt war voll Licht.

Sonne und Mond waren damals gleich groß, denn Gott hatte ihnen die gleiche Macht verliehen. Sie strahlten mit gleicher Helligkeit und wechselten einander am Firmament ab.

Indes - der Mond war unzufrieden. Er wollte größer und mächtiger sein als die Sonne. Also nahte er sich dem Thron des Ewigen und sprach: ‚Es ist nicht gut, daß zwei Könige nebeneinander regieren. Einer muß sich dem anderen unterordnen, so hast du es in der Welt eingerichtet.'

Gott grämte sich. ‚Ich wollte Ruhe und Frieden für alle', dachte er, ‚und schon ist der Neid auf der Welt.' Er maß den Mond mit traurigem Blick und sprach:

‚Wenn du so denkst, will ich einen Teil von dir in Milliarden Sterne verwandeln und du sollst in ihrem Glanz verblassen. Weil du der Sonne das Licht neidest, sollst du es von nun an von ihr empfangen. Und weil du glaubtest, ich würde dich, Ungerechter erhören, so wie ich die Erde erhörte, sollst du in ihrem Schatten stehen.'

Und schon schrumpfte der Mond zusammen.

Da brach der Mond in Tränen aus. ‚Herr der Welt', flehte er, ‚verzeih mir und erbarme dich meiner!'

‚Mein Wort kann ich nicht zurücknehmen', sagte Gott, ‚aber es sei dir ein Trost, daß Myriaden von Sternen dich umgeben werden, und die Juden werden Jahre und Tage nach dir berechnen und nie vergessen, daß der Neid auch das hellste Licht verblassen läßt.'

Seither begleiten die Sterne den Mond und die Juden richten ihren Kalender nach ihm.

Sie berechnen das Jahr nicht nach dem Sonnenumlauf, wie andere Völker, sondern nach den Mondphasen. Und wenn die Mondsichel zunimmt, beten die Israeliten im Schein des Mondes ein besonderes Gebet. In diesem Augenblick ist der Mond am glücklichsten. Er wird zum Vollmond, auf den die Erde keinen Schatten wirft; und während er seinen Schöpfer preist, vergißt der Mond seine uralte Sünde." (9)

Einmal Sonne mit 13 Monden ...

Der jüdische Kalender richtet sich sowohl nach dem Mond wie auch nach der Sonne.

Das Mondjahr hat 12 Monate - mit jeweils 29 oder 30 Tagen - und ist damit um 11 Tage kürzer als das Sonnenjahr. Ginge die Zeitrechnung ausschließlich nach dem Mond, würden die Feiertage im Laufe von etwa 30 Tagen einmal rund ums Jahr „wandern" und mit keiner Jahreszeit zusammenhängen (so ist es beim islamischen Kalender). Da viele jüdische Feiertage an eine Jahreszeit gebunden sind, wird das Mondjahr „korrigiert". In einen Mondzyklus von 19 Jahren werden sieben Schaltjahre eingeschoben, die 13 statt 12 Monate haben - das 3., 6., 8., 11., 14., 17. und 19. Jahr. Der 13. (zusätzliche) Monat heißt „Adar II" und wird an „Adar I" angehängt. Dies ist 1995 der Fall. So wird das Mondjahr dem Sonnenjahr weitgehend angepaßt, und die Feiertage bleiben in derselben Jahreszeit.

Eine Besonderheit des jüdischen Kalenders ist, daß das neue Jahr (Rosch ha-Schana) nicht mit dem ersten, sondern mit dem siebten Monat des Jahres beginnt, dem Monat Tischri, der in den September/Oktober fällt. Der erste Kalendermonat heißt Nissan (März/April), es ist der Monat des Pessach-Festes.

Nach jüdischem Glauben wurde die Welt vor nunmehr 5755 Jahren geschaffen, dies ist der Beginn der jüdischen Zeitrechnung. (10)

Die jüdischen Kalendermonate:

Tischri	September/Oktober
Chewan	Oktober/November
Kislew	November/Dezember
Tewet	Dezember/Januar
Schewat	Januar/Februar
Adar I	Februar/März
Adar II (für 1995)	März
Nissan	April
Ijar	April/Mai
Siwan	Mai/Juni
Tamus	Juni/Juli
Aw	Juli/August
Elul	August/September

Der Tag beginnt mit dem Einbruch der Nacht und hat 24 Stunden mit je 1080 Teilen (Chalakim), jedes Teil hat 76 Augenblicke (Regaim). Die Wochentage werden mit den ersten sechs Buchstaben des hebräischen Alphabets oder durch die Ordnungszahlen 1 bis 7 benannt. Der 7. Tag ist der Sabbat, der 1. Tag ist der Sonntag. Wie bei anderen Völkern auch, lebt man das Jahr von Feiertag zu Feiertag, wenn auch Neujahr im Herbst liegt, so ist doch Pessach ein Fest im Frühling und Schawuot gehört in den Sommer.

„Es ist doch sicherlich ein Wunder, daß der Jude bei den Leiden, die sein geschichtliches Leben durchziehen, einen solchen Gleichmut, einen solchen wahrhaften Humor immerfort behaupten konnte, ohne den er sich nicht immer wieder aus den tiefen Erniedrigungen zu einer stolzen Höhe hätte empor heben können.

Dieses Wunder haben ihm seine Feste bewirkt." (11)

Rosch ha-Schana

Mögest du für ein gutes Jahr beten.

Das Neujahrsfest ist das 1. Fest von vier hohen jüdischen Feiertagen im Jahr.

Am 1. und 2. Tischri wird es gefeiert. Die Rabbiner sehen im 1. Tischri den Erschaffungstag der Welt. Rosch ha-Schana heißt wörtlich: Haupt des Jahres.

Charakteristisch sind für dieses Fest das Blasen des Schofars und die innere Einkehr.

„An rosch-haschone wird das Schicksal für das bevorstehende Jahr in die Tafeln des Himmels eingeritzt. Am jojm-Kiper, dem Versöhnungstag, wird es unterzeichnet. An oschana raba wird es versiegelt und danach nicht mehr geändert. Im Schtetl beginnt das Jahr dreimal. Der 1. Januar, das offizielle Datum, gehört der Regierung. Es ist nur wichtig für die Steuern und offiziellen Abschlüsse, sonst berührt es wenig. Pejssach ist der Anfang des Jahres in der Natur. Gottes Jahr beginnt mit dem Tag des Jüngsten Gerichts an rosch-haschone." (12)

Das Schofar, ein ausgehöhltes gebogenes Widder- oder Antilopenhorn, dessen Spitze zu einem einfachen Mundstück geformt ist, fungiert schon in biblischen

Zeiten als Signal im Krieg, bei Gefahr oder beim Tempeldienst.

Einen Monat zuvor, im Elul, ist das Schofar zu hören. Für alle Strenggläubigen ist es eine Pflicht, das Schofar zu hören (außer am Sabbat).

In genauer Reihenfolge wird das Schofar auf drei verschiedene Arten geblasen. Es ist der Ruf zur Umkehr, zu verstehen als ein Zeichen für den Sieg des Guten über das Böse und es erinnert an die Bindung zu Isaak, an die Offenbarung der Thora am Berg Sinai und die Eroberung Jerichos.

Das Tönen des Schofars fordert zur inneren Einkehr, auch zur Reue auf, denn Rosch ha-Schana ist ein Gerichtstag.

Man sagt, drei Bücher werden an diesem Tag geöffnet.

Eines für die ganz und gar Gerechten. Sie werden sofort eingeschrieben.

Eines für die ganz und gar Bösen. Auch sie werden sofort eingeschrieben.

Eines für die Durchschnittlichen. Sie haben zehn Tage Zeit - bis Jom Kippur - Buße zu tun, Fehler und Missetaten zu überdenken, Einkehr zu halten, zu bereuen.

Die Glücksformel zu Neujahr lautet:

Zu einem guten Jahr möget ihr (mögest du) eingeschrieben sein. Eingeschrieben in das Buch des Herrn, der menschliches Schicksal nach seinen Verdiensten beurteilt und je nachdem, in eines der Bücher einschreibt.

An Rosch ha-Schana seine Sünden büßen zu wollen, hat einen eigenen, praktischen Brauch hervorgebracht: Er nennt sich Taschlich machen.

Nach Sonnenuntergang zum Fluß, zum Bach oder zur Quelle zu gehen, Brotkrumen hineinzuwerfen, die das Wasser mit sich fortträgt, heißt Taschlich machen. Mit dem fortgeschwemmten Brot und dem Gebet werden Sünden fortgetragen, die der Mensch mit sich herumträgt.

Für Mara begann mit eben jenem Taschlich machen ein neues Leben: Dieses neue Leben hieß Jacob.

Die Brücken, unter denen die Spree durchfloß, waren so weit nicht von der Schendelgasse entfernt, mit ihren dunkelgrauen, ärmlichen Häusern, denen man nicht die Menge der Menschen ansah, die unter ihren Dächern lebte und Schutz suchte. Das jüdische Viertel Berlins, in dem Mara geboren wurde, zeigte sich als eine Welt in sich, die Durchgangsstation sein konnte zu einem anderen Land oder auch das Ende aller Hoffnungen. Hier konnte man ankommnen, hier konnte man geboren werden, hier wollte keiner bleiben und blieb doch, vielleicht sogar ein Leben lang oder bis zum Tod durch Gewalt.

Mara wurde hier geboren. Sie lernte mit den Jahren, daß die Träume der Eltern und Großeltern, nach Amerika weiterzureisen, Träume blieben. Sie lernte auch, daß jeder Tag ein Abreisetag sein könnte und nie einer war. Sie lernte vor allem, daß ohne Wünsche und Hoffnungen diese Armut in den jüdischen Straßen schwerer zu ertragen war. Man mußte träumen können von der eigenen Wohnung, vom reichlichen Essen und den anderen Ländern. Dann vergaß man zuweilen die Not der vielen Leute um sich herum, die des Nachts auf dem Fußboden schliefen, vergaß den Hunger, der sich nach dem Essen wieder einstellte und beschaute sich Postkarten, auf denen große, weiße Dampfer die Menschen in Freiheit und Wohlstand über das Meer brachten.

Eine der Sabbat-Geschichten des Vaters begann stets mit den Worten: „Soll ich erzählen, wie es sein wird, wenn wir über das Wasser fahren? ..."

Denn es gab welche, die hatten die jüdischen Straßen zwischen Warschauer Straße und dem Scheunenviertel schon verlassen. Man erzählte sich von ihnen die wundersamsten Geschichten, davon, wie reich sie geworden sind, dort drüben, in dem anderen Land, über dem Wasser.

Nein, Mara vergaß nicht die Dumpfigkeit und feuchte Kälte der Mauern, die sie umgaben, vergaß nicht den Geruch und haßte dämmriges Licht. Sie hatte eine eigne Empfindung für Armut entwickelt; die sie auch dann nicht trog, wenn sich die Armut zu verbergen suchte. Armut versendet ihre eigenen Signale, und sie verlassen einen nie, wenn man sie einmal erfahren hatte.

Die Erinnerungen des deutschen Schriftstellers Walter Kaufmann, dessen Geburtsort das Scheunenviertel war, sprechen davon:

„Da ist die Fensterbank in der Kellerwohnung der Mulackstraße 28, ein Mietshaus, unendlich hoch für den Dreijährigen, der Itzchak heißt, auch Sally, und am 19. Januar 1924 (oder auch am 23.) geboren wird, und da ist die Kette von Schuhen aller Art, die am Fenster vorbeizieht, Schaftstiefel, Schnürschuhe, Frauenstiefelchen.

Und da ist auch ein kleiner Holzkreisel, der sich trotz

der Peitschenhiebe auf dem schlechten Pflaster nie lang dreht, der stolpernd umkippt.

Nur kurz am Tag fällt Sonnenlicht durchs Fenster, meist ist es schattig, sind auch die Zimmerwände grauschattig, und die Wasserflecke oben an der Decke wirken erschreckend auf ihn wie böse Fabelwesen.

Er fühlt sich unsauber, unwohl in den feuchten Hosen, feuchtem Unterzeug, das am Hosensaum vorguckt, und ob er weiß, daß der Uringeruch, der ihn zuweilen umgibt, von ihm selbst kommt?

Die vollbusige Frau, die auf ihn acht gibt und zu der hin und wieder Männer kommen, trägt seidige Blusen, manchmal auch nur einen Büstenhalter, sie riecht nach Schweiß und Puder, und einmal sieht er ihren Busen nackt. Sie raucht ständig ovale Zigaretten mit goldenem Mundstück und auf der Schachtel schreiten Kamele vor einer Pyramide. Wenn er ins Gitterbett muß, liegt er so tief, daß er nur die Fabelwesen an der Decke erkennt, die kriechen in seine Träume und verfolgen ihn.

Er muß oft ins Gitterbett und dem Stofftier, das er mitnimmt, Hund oder Hase, fehlt ein Auge. Das andere Auge zwickt er frei und fortan hängt es an einem Faden.

Nur an die vollbusige Frau erinnert er sich, die kann seine Mutter nicht gewesen sein, und daß sie viel hustet, manchmal schimpft und oft lacht.

Das Husten stört, der Zigarettenrauch auch, das Lachen mag er. Er mag auch, daß sie ihn auszieht und wäscht, und er mag nicht, wenn er wieder in das alte Zeug muß. Das aber passiert fast immer.

Gern klettert er die Kellertreppe hoch und in seinen

Gang, der zum Hinterhof führt, und dort sitzt er sommers in der Sonne an der Mauer, und einmal bastelt ihm ein älterer Junge aus einer Zeitung einen Helm, und den Helm formt er um in ein Schiffchen, das nur in der Tonne zu erproben ist, aber im Wasser aufweicht und auseinanderfällt. Der Helm ist nützlich, fällt aber auseinander, wenn man ihn unsanft anpackt.

Er muß ein Leibchen tragen, was er haßt, und er haßt auch die schwarzen Wollstrümpfe, die an dem Leibchen festgemacht sind. Er kann die Strümpfe nicht lösen und ausziehen und sie kratzen an den Beinen.

Die Kellertreppe ist steil und nach oben leichter zu bezwingen als nach unten, und an den Stufen reißt er sich die Strümpfe kaputt und die Knie auf.

Das Stück von der Treppe bis zur Kellerwohnung ist so duster, daß er die Hände vorhält wie ein Blinder, und die Türklinke ist unerreichbar, er muß heftig pochen, damit geöffnet wird.

Das Stofftier liegt im Gitterbett und die Frau legt ihn daneben, und die bösen Fabelwesen verfolgen ihn in den Schlaf und in die Träume." (13)

Als Mara zum Fluß, der Spree, geht hat sie reichlich Brotstückchen in der Tasche.

In jenem Jahr war es wohl schon kalt genug, um den Mantel anzuziehen. Sie war gewachsen seit dem letzten Winter, der Mantel spannte über der Brust und über den Hüften, aber sie verschwendete darauf keinen Gedanken. Sie fühlte sich darin wohler als in der ewigen Strickjacke, ja sie kam sich sogar hübscher vor.

„Eigentlich war es ein trauriger Nachmittag", erinnert sich Mara. „Von der Schendelgasse, in der wir wohnten, bin ich durch die Hirtenstraße gegangen, die Joseph Roth die traurige nennt. Und das ist sie auch. Im Sommer wie im Winter, am allerschlimmsten aber im Herbst."

Mit flinken Händen zieht Mara eine zerlesene Broschur unterm Tisch hervor und hat im Handumdrehen eine Seite aufgeschlagen. Man spürt, daß sie dies nicht zum ersten Mal liest:

„Die jüdischste aller Berliner Straßen ist die traurige Hirtenstraße.

So traurig ist keine Straße der Welt. Die Hirtenstraße hat nicht einmal die hoffnungslose Freudigkeit eines vegetativen Schmutzes.

Die Hirtenstraße ist eine Berliner Straße, gemildert durch ostjüdische Einwohner, aber nicht verändert. Keine Straßenbahn durchfährt sie. Kein Autobus. Selten ein Automobil. Immer Lastwagen, Karren, die Plebejer unter den Fahrzeugen. Kleine Gasthäuser stecken in den Mauern. Man geht auf Stufen zu ihnen hinauf. Auf schmalen, unsauberen, ausgetretenen Stufen. Sie gleichen dem Negativ ausgetretener Absätze. In offenen Hausfluren liegt Unrat. Auch gesammelter, eingekaufter Unrat. Unrat als Handelsobjekt. Altes Zeitungspapier. Zerrissene Strümpfe. Alleinstehende Sohlen. Schnürsenkel. Schürzenbänder. Die Hirtenstraße ist langweilig vororthaft. Sie hat nicht den Charakter einer Kleinstadtstraße. Sie ist neu, billig, schon verbraucht, Schundware. Eine Gasse aus einem Warenhaus. Aus einem billigen Warenhaus. Sie hat einige blinde Schaufenster. Jüdisches Gebäck, Mohnbeugel, Semmeln, schwarze Brote liegen in den Schaufenstern. Ein Ölkännchen, Fliegenpapier, schwitzendes.

Außerdem gibt es da jüdische Talmudschulen und Bethäuser. Man sieht hebräische Buchstaben. Sie stehen fremd an diesen Mauern. Man sieht hinter halbblinden Fenstern Bücherrücken.

Man sieht Juden mit dem Talles unterm Arm. Sie gehen aus dem Bethaus Geschäften entgegen. Man sieht kranke Kinder, alte Frauen.

Der Versuch, diese Berliner langweilige, so gut wie möglich saubergehaltene Straße in ein Ghetto umzuwandeln, ist immer wieder stark. Immer wieder ist Berlin stärker. Die Einwohner kämpfen einen vergeblichen Kampf. Sie wollen sich breitmachen? Berlin drückt sie zusammen." (14)

Mara schaut mit schmalem Mund, ihr kleines Gesicht ist streng und verschlossen.

„Berlin hat uns immer erdrückt, damals und mich heute auch noch. Damals das Leben und heute die Erinnerungen. Berlin ist ein unerbittliches Pflaster. Und es will nicht sühnen!"

Welche Sünden sollten die Brotkrumen mit dem Fluß davontragen?

„Ja, ich sollte und wollte es wohl auch, Taschlich machen. Es waren ihrer viele, die da auf der Spreebrücke standen. Gott verzeiht! Wir standen dicht beieinander. Viele Menschen, die das neue Jahr im Guten Buch beginnen wollten. Neben mir ein Mann, schlank und groß mit schweren Augen, der mit seinen beiden großen Händen unendlich viel Brotkrumen ins Wasser streute. Mir tat es schon um das viele Brot leid und ich sagte, ein kichriges junges Ding, das ich damals war: ‚Oi, was für viele Sünden, da wohl den Fluß hinunter müssen. Wenn man so sehr sündigt, dann hilft auch kein ganzes Brot im Wasser.' Ich weiß es noch, als wäre es gestern gewesen und weiß auch noch den Schreck in meinen Gliedern, als der Mann sich mir zuwandte und mich mit diesen schweren Augen ansah, als sei er eben aufgewacht. Und wie er mich da anschaute und allmählich zu lächeln begann, war er mir mit eins so vertraut, daß ich gar keine Lust hatte wegzuschauen. Und das hätte sich doch eigentlich so gehört. Ich weiß es heute noch, fühl es noch genau, wie gern ich ihn damals berührt hätte, so wie ich den Tate, der er ja später wurde, immer gern berührt habe, seine Hände, die immer warm und zuversichtlich waren, und seinen Geruch mochte, der nur bei ihm war.

Das war alles gleich und hat mich dann doch so verwirrt, daß ich einfach davon gelaufen bin.

Aber er hat mich eingeholt, und wir sind durch die Straßen gelaufen, und unsere Liebe war am Abend schon so stark, daß ich am nächsten Tag nochmal zur Spree bin, Taschlich machen. Denn wegen eines solchen Mannes wollte ich auf keinen Fall ins Buch der Bösen und auch nicht in das Buch der Durchschnittlichen ...“

So hat der Fluß ihr ein großes Glück gebracht, das nicht immer leicht zu tragen war.

Der Jacob war ein strenger Mann, ein guter Vater, aber ein strenger Mann, der festhielt an den Riten seines Glaubens. Er starb auf dem Transport, der ihn ins Konzentrationslager führen sollte.

Mara hat es später unter Schmerzen und Tränen erfahren müssen, denn sie hatte das Lager überlebt; sie und ihre Tochter Betty, drüben im anderen Land, waren nur noch am Leben. Nicht die Söhne Jakob und Josef und nicht die Kleinste, die süße Tochter Fanny.

Rosch ha-Schana ist auch ein Tag des stillen Gebets; der Gottesdienst bestimmt die Stunden des Tages.

Nach dem Gottesdienst wünscht man sich ein frohes Neues Jahr und eine gute Inschrift.

Abends dann bei der häuslichen Feier, im Kreise der Familie werden die Lichter angezündet. Der Segen (Kiddusch) wird über den Wein und das Licht gesprochen.

Neben den Weinbechern liegen zwei runde Hefebrote, verziert mit zwei kleinen Vögeln auf zwei Leitern. Sie sollen Wünsche und Hoffnungen und Gebete zum Himmel tragen.

Das Mahl beendet eine süße Speise oder eine große Schüssel, gefüllt mit süßem Honig. Brot- und Apfelstücke werden hier hineingetaucht.

Die rituelle Bedeutung des Apfels findet auch darin ihren Ausdruck, daß der Vater den Segen über den Apfel spricht und jedem Familienmitglied davon zu essen gibt. Ein zweites Stück wird erst in Honig getaucht und mit dem Wunsch nach einem guten süßen Jahr verspeist.

Süßes, z. B. Honig, mit einer Feder auf die Gegenstände der Wohnung oder des Hauses zu streichen, verbunden mit einem Segensspruch, der um ein „süßes Jahr" bittet, gehört ebenfalls zu den Riten an Rosch ha-Schana. Am Abend des 2. Neujahrstages werden die ersten Früchte der neuen Ernte, von denen bislang noch keiner gegessen hat, auf den Tisch gebracht. Weder saure noch bittere Speisen dürfen zu Neujahr angeboten werden.

Es gibt Gegenden, in denen es Brauch ist, zu Neujahr vom Kopf eines Schafes oder eines Widders oder eines Fisches zu essen. Das bedeutet, am Anfang zu sein und nicht am Ende.

Rosch ha-Schana ist das Tor zu einer zehntägigen Reue und Einkehr zu sich selbst, die zum Tag der Vergebung, dem Versöhnungstag führt, dem großen Jom Kippur.

Jom Kippur

Es ist der letzte der zehn Bußtage, die mit Rosch ha-Schana beginnen und mit Jom Kippur enden.

Der große Jom Kippur am 10. Tischri - es ist ein Sühnetag, der allerheiligste Feiertag.

Der Jom Kippur ist ein strenger Fastentag, der Essen u n d Trinken verbietet; ausgenommen sind Kranke und Wöchnerinnen.

Er beginnt am Vortag, dem Erew Jom Kippur und schließt die Riten wie das Schofar-Blasen im Elul, die Gebete, die Besuche von Armen und Kranken, die Friedhofsgänge, das Gedenken der Toten als Vorbereitungsphase des Jom Kippur, ebenso das „Schlagen des Sündenbocks" mit ein.

Das „Kapporeshendl" oder das „Kapporetschlagen" (z. T. auch sehr umstritten) bedeutet das Herumwirbeln eines Huhnes oder eines Hahnes über dem Kopf des Sünders. Dazu wird ein Gebet gesprochen („Du gehst statt meiner in die Welt der Schatten ein ..."). Der Mann wirbelt einen Hahn, die Frau eine Henne und die Kinder junge Tiere je nach Geschlecht. Auch Fisch ist erlaubt, wenn kein Geflügel da ist. Im Altertum schickte man tatsächlich einen Bock in die Wüste, auf daß er die Sünden der Gemeinschaft auf sich und mit sich davon nähme.

Die Hähne und Hühner werden koscher geschlachtet und für das abendliche Mahl zubereitet, denn der Abend des 9. Tages gehört schon zum allerheiligsten Feiertag.

Der Tisch ist wie am Sabbat so reich wie nur möglich gedeckt; weiß ist die Farbe des Abends und des 10. Bußtages. Die Kerzen leuchten weiß, und die Gläubigen tragen weiße Sterbegewänder, weiß schmückt die Synagoge.

Nach der Reinigung des Körpers widmet sich die Familie dem Essen.

Es soll nicht zu schwer und salzarm sein; es soll vorhalten und keinen Durst verursachen.

Vor dem Gang zur Synagoge erfolgt zu Hause das Ritual des Lichtanzündens. Eine große Kerze ist dazu erforderlich, denn sie muß bis zum nächsten Abend brennen.

Das lange, ausgiebige, sehr genossene Essen endet mit einem Stückchen Brot und einem Schluck Wasser und schafft damit den Übergang zur Fastenzeit.

Fasten zu Jom Kippur ist keine Leidenszeit, sondern ein intensiv gehandhabtes Ritual, das bei großer Frömmigkeit ein Erlebnis ist, stets von neuem erfühlt und erfahren wird. Selbst wenn es Kranken und Schwangeren eindringlich untersagt ist, so sind die Stunden, in denen miteinander gefastet wird, Teil eines großen Rituals, das ein gegenseitiges Interesse hinsichtlich der körperlichen Befindlichkeit mit einschließt.

Am Abend beginnt der längste und bedeutendste Gottesdienst des Jahres, die Nacht des Kol Nidre.

Das große Gebet der Gläubigen wird vom Kantor gesungen. In ihm wird um Gnade gefleht für alle Sünden, alle falschen Gelübde und Versprechungen.

Dieser Gottesdienst mit seinem langen Gebetsgesang - die Musik ist unbekannten Ursprungs, später hat sie Max Bruch für Cello, Harfe und Orchester bearbeitet - kann die ganze Nacht durchgehen und auch noch den nächsten Tag bestreiten.

Wollte man dies nicht, ging die Familie nach der nächtlichen Feier zu Fuß nach Hause, benutzte keine Verkehrsmittel, um am nächsten Morgen wieder in der Synagoge zu sein und dort den Tag zu verbringen.

Das letztmalige Blasen des Schofars bei Sonnenuntergang beendigt den Jom Kippur.

„Möge die letzte Eintragung in Gottes Buch eine günstige sein", wünschen sich die Gläubigen und kehren nach Hause zurück, um reiche Mahlzeit zu halten.

Die Vorspeise besteht aus Süßem:

Lebkuchen, in Honig getauchte Apfelschnitzel, Milchkaffee, ein kleiner Schnaps, Apfelkuchen, Guggelhupf.

Dann beginnt das eigentliche Mahl:

Goldene Jojch mit Kreplech,

Fleischmahlzeiten mit kalten Zuspeisen,

Gebäck, Dessert,

Tee mit Zitrone,

je nach Belieben, und wie es der Magen noch vertragen konnte.

Mischket Liebermanns Beschreibung des Jom Kippur betont die Eßlust nach der Fastenzeit und die Heiligkeit des Gottesdienstes am Jom Kippur, „der traurigste war er bestimmt. Den ganzen Tag wurde gefastet, gebetet und geweint. Er begann schon am Vorabend und endete mit dem Abfasten am nächsten Abend, wo sich die Familie an den von mir zubereiteten Gerichten krank aß ... Die Frommen verbrachten diesen Tag der Versöhnung und Vergebung in der Synagoge und standen in ‚direkter Verbindung' zu Gott." (15)

Maras Speiseplan während dieser zehn Tage zwischen Neujahr und Versöhnungsfest war eine kluge Vorbereitung auf den Fastentag an Jom Kippur.

Es waren Suppeneintöpfe, deren Grundlage Brühen und Gemüse war und die sie nach den Mitgliedern der Familie benannte, weil es deren Lieblingssuppen waren.

„Es war billig, machte satt und schonte die großen Mahlzeiten vor und nach Jom Kippur", sagte Mara lakonisch, „und es machte noch dazu Spaß, denn wir haben die Suppen sozusagen ausgestaltet. Es gab Suppengeschichten, die wir dann beim Essen erzählten, jedes Jahr neue oder die alten anders.

Die Großeltern waren immer zuerst dran. Klar, sie kamen jedes Neujahr und fuhren nach Jom Kippur nach Hause.

Die Großvatersuppe war eine dicke, *Gemüsesuppe.* Das Gemüse hatte er zumeist selbst gekauft, bei einem Händler, den er bei dieser Gelegenheit besuchte und der ihm die Waren billig abgab.

Gemüssesuppen mußten bei ihm so aussehen:

1 Kohlkopf (feingeraspelt), 8 - 10 Tassen Fleischbrühe, 3 - 5 fein geschnittene Möhren, 2 weiße Rüben, in Würfel geschnitten, 1 kleiner, kleingeschnittener Kohlrabi, 1 Selleriestengel, fein zerhackt, 5 in Würfel geschnittene Kartoffeln und drei zerkleinerte Tomaten.

Erst wird der Kohl in die Fleischbrühe getan und annähernd gargekocht, dann folgen Möhren, weiße Rüben, Kohlrabi, Kartoffeln und Sellerie. Das ganze etwa 1/2 Stunde kochen lassen - oder je nachdem, wie man es mag. Ganz zum Schluß kommen die Tomaten hinzu. Das Ganze noch einmal aufwallen lassen für einige Augenblicke. Salz, Pfeffer - sowenig wie möglich und jeder nach Belieben. Ich habe es für den Großvater fast salzlos kochen müssen, dafür haben die Kinder ein ganzes Salzfäßchen geleert. Natürlich brauchte ich für die ganze Familie die vielfache Menge an Zutaten. Und ich denke heute, daß der Großvater deshalb auch selber einkaufen ging. Denn eine solche Suppe überforderte meine Haushaltsplanung beim Essen. Dann erzählte der Großvater ‚Salz-Geschichten', und sie waren das eigentliche Salz an der Suppe.

Die **Sauerkrautsuppe** gehörte der Großmutter:

1 Eßl. Geflügel- oder Rinderfett, 1 1/2 Tassen gehackte Zwiebeln, ein paar Rinderknochen, 500 g Sauerkraut, 2 Tl. Wasser, 2 Tl. Salz, 1/2 Tl. Pfeffer, 1 1/2 Tassen gewürfelte Kartoffeln.

Zwiebeln und Knochen werden im Topf gebräunt, dann wird Wasser aufgegossen, Sauerkraut, Salz und Peffer hinzugetan, alles kocht ca. 2 Stunden, und ganz zum Schluß kommen die Kartoffeln hinzu. Wenn die Großmutter die Suppe kochte, dann lag da natürlich am Grunde des Topfes noch etwas Fleisch, zumeist 1 kg Rippen.

Aber sie hatte sich diese Suppe an diesem Tage so ausgesucht und erzählte dazu das Märchen vom Böcklein, das sich an den Blättchen den Magen verdorben hatte. Die Kinder mochten das immer und immer wieder hören, weil die Großmutter mit jedem Sauerkrautfädchen den Bauchwehtanz des Böckleins nachmachte. Die Großmutter war ein richtiger Clown mit traurigen Augen.

Der Tate, der Vater, liebte *Kartoffelsuppe milchig*:

3 große Kartoffeln (in Scheiben oder in Würfel geschnitten), 3 große Möhren (in kleine Scheiben geschnitten), 1 Zwiebel, 1 weiße Rübe, 4 Tassen Wasser, 1 Tl. Butter, Salz, Pfeffer, 1 Ei, 2 große Selleriestangen, süßer Rahm oder auch Milch.

Das Gemüse und die Kartoffeln mit Salz und Pfeffer im Wasser kochen, dann die Butter und das Ei hinzugeben, den Topf vom Feuer nehmen und dann den Rahm oder die Milch löffelweise hinzugeben.

Man muß die Suppe sehr heiß essen.

Sie erinnert besonders an die fleischlose Zeit, als die jüdischen Tempel zerstört und die Juden drangsaliert wurden.

Das las der Vater aus der Schrift vor, am liebsten aus der jüdischen Geschichte.

Dann kamen die Suppen der Kinder:

Bettys Suppe - und die kocht sie noch heute - war *Kalter Borschtsch*:

10 geraspelte rote Rüben, 2 l Wasser, 1 gehackte Zwiebel, ca. 2 Tl. Salz, 2 Tl. Zucker, 1/4 Tasse Zitronensaft, 2 Eier, 1 Tasse saure Sahne.

Die roten Rüben, Wasser, Salz und die Zwiebel bei mittlerer Hitze etwa 1 Stunde kochen. Danach kommen Zucker und Zitronensaft hinzu, und alles kocht ca. 10 Minuten weiter. Die schaumig geschlagenen Eier rührt man unter die heiße Suppe, ohne, daß sich Flokken bilden.

Am besten schmeckt die Suppe kalt zu heißen Kartoffeln; mit der sauren Sahne werden die Teller garniert.

Betty erzählte dazu das Märchen vom Großvater und dem Rübchen, das wuchs und wuchs.

Fannys Suppe war *Borschtsch aus Kohl mit Preiselbeeren*:

Das ist ein echtes Sommergericht. Es paßte zu Fanny, diesem Irrwisch. Heute würde man sie eine Grüne nennen. Sie hatte den grünen Daumen, wie man so sagt. Was immer in unserem kleinen düsteren Hinterhof vor sich hin kümmerte, das pflegte sie hingebungsvoll und es kam eigentlich auch immer von ihr.

Jedesmal, wenn ihre Suppe dran war, gab es Krach in der Familie. Die Männer, besonders die Jungs, wurden davon nur satt bei mindestens 3 Tellern pro Mann. Deshalb nannten sie Fannys Suppe auch Fastensuppe, die von mir ergänzt werden mußte durch einen Topf warmer Kartoffeln, was natürlich nicht zusammengehörte. Aber es kamen noch die **Preiselbeeren**:

1 Tasse Preiselbeeren, 4 Tassen Wasser, 2 Tassen fein geraspelter Wirsingkohl, 3 Eßl. Zitronensaft, 3 Eßl. Zuk-ker, 2 Tl. Salz, etwas Pfeffer, wenn man will 2 Eier, 1 Tasse sauren Rahm.

Die Preiselbeeren werden gekocht bis sie platzen, püriert und den Saft gibt man mit 4 Tassen Wasser in den Topf. Dazu sämtliche Zutaten und den Kohl, der darin weichgekocht wird.

Man kann die Suppe mit zwei geschlagenen Eiern und etwas Sauerrahm abbinden.

Jacob und Josef, die beiden Brüder, hatten sich zu einer gemeinsamen Suppe entschlossen. Sie hatten sorgfältig auf Nahrhaftigkeit und Sättigungsgrad gesehen und herauskam: **Bohnensuppe mit Graupen.**

1 1/2 Tassen große weiße Bohnen (Limabohnen), 2 l Wasser, 1/4 Tasse Perlgraupen, 2 geschnittene Zwiebeln, 2 Tl. Salz, 1/2 Tl. Pfeffer, 2 Eßl. gehackte Petersilie und statt 1 kg schweren Rippenstücks, nahmen wir immer kleine koschere Würstchen. Das war nicht richtig Fleisch und es machte die Suppe kräftig.

Die Bohnen müssen über Nacht weichen, am nächsten Tag kommen die Graupen, die Zwiebeln zu den eingeweichten Bohnen. Das alles kocht bei mittlerer Hitze etwa 1 1/2 Stunden. Dann kommen Salz, Pfeffer und Petersilie dazu, ganz zuletzt werden die Würstchen

kleingeschnitten hinzugetan und noch 10 Minuten mitgekocht. Das aßen wir dann zwei Tage lang, wenngleich die Mädchen maulten, denn es war ihnen eine
zu dicke Suppe.

Also - wie man sieht - war die Suppenwoche auf
ihre Weise auch keine leichte Woche, es gab viele Ge-
schmäcker und eine nur mit Mühe zu haltende Disziplin, die besonders dem Großvater zu danken war, denn
der aß alles.

Meine Suppe nannten die Kinder immer die ,Mara-Spei-
sung', eine *Nockerlnsuppe.*

Grundlage waren Suppen-Nockerln, die ich an einem Tag mit klarer Brühe reichte und am nächsten Tag,
zum Vorfastentag, mit einer dicken Suppe aus Erbsen
oder Bohnen oder auch Linsen:

*2-3 Eier, 1/2 Tasse Wasser, 1 Tl. Salz, 1/2 Tasse durch-
gesiebtes Mehl, 1/4 Tasse Backpulver.*

Eier, Wasser und Salz werden in einer Schüssel glatt
gerührt, nach und nach kommen Mehl und Backpulver hinzu, bis es einen dickflüssigen Teig ergibt.

Von dem sticht man mit einem Löffel, der in heißes
Wasser getaucht wurde, große Stücken ab, die man in
kochendes Wasser gibt. Wenn sie nach 4 - 5 Minuten
wieder an der Oberfläche erscheinen, läßt man sie abtropfen und verwendet sie als Beilage zur Suppe oder
in der Suppe selbst.

Für unsere Familie und für zwei Tage mußte ich das
Mehrfache des Grundrezepts verwenden und ich habe
die Nockeln verfeinert durch Zugaben: Das konnte ko-

scheres durchgedrehtes Fleisch sein, das nicht als Füllung wie bei Piroggen eingefüllt, sondern in den Teig selbst eingearbeitet wurde. Das konnte sehr gut Gemüse sein: Karotten, kleine Erbsen. Oder auch süße Sachen: Rosinen, durchgedrehtes Backobst.

Je nachdem, wie die Suppe, die dazu bereit gemacht wurde, beschaffen war.

Zur Brühe gab es die Suppen-Nockerln mit Fleisch oder ohne Zugabe.

War es ein milchernes Suppenessen, dann konnten die Nockerln auch süß sein. War es eine Gemüsebrühe, dann hab ich viel Gemüse in den Nockerln mit verarbeitet.

Nockerln sind eine gute Grundlage für alle möglichen Gerichte, und man kann sie auch in einer Pfanne mit etwas Fett aufbacken und zum Abendessen mit anderen Vorspeisen reichen.

Obstsuppen erfreuten sich in unserer Familie das ganze Jahr großer Beliebtheit. Das Obst war billig, jedenfalls das, was wir uns leisten konnten, und man konnte die Suppen kalt oder auch warm essen."

Kalte Obstsuppe

1 Tasse entsteinte Pflaumen, 1 Tasse entsteinte Sauerkirschen, 1 Tasse entsteinte und in Streifen geschnittene Pfirsiche, 6 Tassen Wasser, 1/4 Tasse Zucker, 1/2 Tl. Salz, 1 Tl. Zimt, 2 Eßl. Stärkemehl, 6 Eßl. saure Sahne.

Man läßt die Früchte bei mäßiger Hitze mit Zucker, Salz und Zimt ca. 15 Minuten kochen.

Dann wird alles durch ein Sieb geschüttet, die mit

Wasser angerührte Stärke dazugegeben, dann läßt man die Fruchtmischung aufkochen, rührt sie sorgsam, läßt sie erkalten und serviert sie mit saurer Sahne.

Apfelsuppe

1 kg Äpfel, 2 Tassen Wasser, 2 Eßl. Zucker, etwas Zimt, die abgeriebene Schale einer halben Zitrone und ihren Saft, 1 Prise Muskatnuß, 75 g Rosinen, 2 Gläser Wein (oder Wasser), 1 Eßl. Rum und 2 Eidotter.

Äpfel schälen, garkochen und durch ein Sieb streichen. Jetzt Zucker, Zimt, Zitronenschale, Zitronensaft, Muskat und Rosinen dazugeben, Wein (oder Wasser) und Rum hinzu, einmal aufkochen lassen und mit einem Eidotter abziehen.

Pflaumensuppe

500 g Backpflaumen, 1 1/2 l Wasser, Zucker nach Belieben, Sahne oder Milch.

Die Pflaumen über Nacht einweichen und danach weichkochen, passieren, mit Zucker süßen und wieder aufkochen lassen. Vom Feuer nehmen, mit Milch oder Sahne verrühren und warm zu Kartoffeln reichen. Man kann sie kalt essen, als Nachtisch oder Vorspeise.

Sukkot - das Laubhüttenfest

„Sieben Tage sollt ihr in Laubhütten wohnen; wer einheimisch ist in Israel, der soll in Laubhütten wohnen. Daß eure Nachkommen wissen, wie ich die Kinder Israels habe lassen in Hütten wohnen, da ich sie aus Eyptenland führete." (16)

Vier Tage nach Jom Kippur wird Sukkot - das Laubhüttenfest gefeiert. Sukka heißt hebräisch Hütte, damit wird an die zeltartigen Hütten erinnert, die die Juden auf ihrer Wanderung durch die Wüste errichtet haben.

Es ist ein siebentägiges Fest, ein Freudenfest, und es findet seinen Abschluß in einem Gebet, das um eine gute nächste Ernte fleht. Ein wenig vergleichbar dem amerikanischen Thanksgiving Day oder dem christlichen Erntedankfest, berührt es auch die Angewiesenheit auf Gott und die Fragwürdigkeit einer Sicherheit, die sich nur auf materiellen Reichtum gründet.

Der Bau der Laubhütte soll einen Tag nach Jom Kippur beginnen, die Sukka, die Holzhütte ein Mindestmaß an Höhe haben (ein Erwachsener soll gut darin stehen können), dazu vier Wände, ein Laubdach, das Sonne, Mond und Sterne durchscheinen läßt, mehr Schatten spendet als Sonne hereinläßt.

In den acht Tagen des Festes soll die Laubhütte der einzige Lebensort sein. Vor allem für die Männer. Dort soll gegessen und getrunken und gelebt werden. Die Frauen bringen das Essen dorthin. Den Kindern wird die jüdische Geschichte erzählt, Gäste werden hierher eingeladen. Gemeinsam wird gebetet und gesungen. Die Zeichen der Hütte sind Palmenzweige und Weiden, der Etrog, eine Zitrone oder ein Granat- oder ein Paradiesapfel. Die Früchte müssen absolut fehlerfrei sein. Die Zweige zu Sträußen oder Bündeln gebunden, werden während des Gebets geschwungen. Die Sukka ist mit Laubgirlanden geschmückt und findet je nach Möglichkeit ihren Platz. In den Städten, wo weniger Platz als in ländlichen Gegenden ist, wurden die Höfe oder auch - wenn vorhanden - die Balkons benutzt. Das Aufklappen eines mobilen Dachsegments wurde ebenfalls als ausreichend für eine Laubhütte akzeptiert.

In der Sukka, die nach den Regeln des Erntedanks geschmückt sein soll, stehen Bänke und ein Tisch, der die Menschen versammelt.

Sacher-Masoch, der ostgalizische Autor, beschrieb es folgendermaßen:

„Schon drei Tage vor dem Feste begann überall der Bau der Laubhütten, und alle nahmen daran Theil. Alt und Jung, jeder trug sein Scherflein bei. Hinter der Fabrik lag das stattliche Haus Sindel's ... Hier, auf einer kleinen Wiese, schlug Martin die vier Pflöcke ein, welche den ganzen Bau tragen sollten. Die Pfeiler wurden durch Latten verbunden, welche eine Art Wand bildeten. Sindel und sein Sohn Zelias verkleideten die Suka von aussen mit Tannenzweigen und Moos, während die Frauen das Innere mit weissem Stoff überzogen. Martin hatte die Herstellung der Decke übernommen. Nachdem er ein Dach aus Holzstäben gefertigt, deckte er es mit Tannenzweigen, aber so, dass kleine Lücken offen blieben, durch welche der Himmel und die Sterne hereinblicken konnten. Als dies geschehen war, trat er in das Innere der Suka ein, um den Aufputz anzubringen, den Eleonore und Deborah vorbereitet hatten. Das reizende Mädchen liess es sich nicht nehmen, ihm dabei zu helfen. Sie reichte ihm die Ketten aus farbigem Papier, die Vogelbeerzweige, deren rothe Früchte freundlich aus dem kräftigen Grün herausblickten, die Birnen, Aepfel, Trauben, die vergoldeten Nüsse, die er an der Decke aufhing, und die kleinen Vögel aus geleerten Eiern mit Schnäbeln und Flügeln aus Goldpapier ...

Nachdem auch der Palmenzweig Lulaf und der Zedruch, der Paradiesapfel, im grünen Reisig untergebracht waren, wurde in der Mitte der Decke der Mogan Doved, der Schild David's, mit kleinen Nägeln befestigt.

Aus vergoldeten Stäbchen bildete Martin eine Triangel und schlug dann in der Mitte desselben einen Haken ein, an dem die siebenarmige Lampe aufgehängt wurde ...

Sie hingen die (grosse rothe mit Hahnenfedern bespickte) Zwiebel an die Thüre auf und nun waren alle Schaidim und Massekim (bösen Geister) von der Schwelle der Laubhütte gebannt." (17)

Maras Erinnerungen an die Laubhüttenfeste waren von anderer Art.

„Die Laubhütten, die der Vater, der Tate, mit den Söhnen Jakob und Josef bauten, auf dem Hof in der Schendelgasse, bestanden aus einfachen Holzlatten, drei Wände roh zusammengenagelt und oben drauf ebenfalls Bretter, lose nebeneinander gelegt, mit dichten Zweigen überdeckt.

Jakob holte die Zweige, woher wußte niemand, manchmal waren auch Blumen dabei, und schmückte damit den Innenraum, bis auf eine der Schmalseiten, die hatte Josef Jahr um Jahr bemalt. Auch die Wünsche der Hausbewohner waren drauf festgehalten und die der Kinder. Als der alte Jankel starb, hat Jakob sein Gesicht dort verewigt. Wir haben die Bretter dieser Seite immer sorgfältig aufbewahrt, denn die Laubhütte war für alle da, jeder hatte schließlich auch Bretter gebracht. Jedes Jahr wurde nach der Wand gefragt und mit jedem der Jahre wurde sie schöner. Bänke und Hocker standen darin und ein großer Tisch, auf dem lag die Babidecke.

Die Großmutter - die Kinder nannten sie Babi - hatte für Sukkot in der Schendelgasse extra eine Tischdecke gemacht, aus lauter bunten Flicken, und in die Mitte eine kleine Laubhütte gestickt, braun und rot. Ich hab diese Decke lange bewahrt und jedes Jahr aufgelegt.

Auf dem Tisch hatten wir Wein und Brot und das Kerzenlicht, das ich bei Sonnenuntergang angezündet habe. Manchmal auch schon früher, denn in unserem Hof wurde es zeitiger dunkel, weil die Häuser den Spätsommertagen ihr Licht nahmen.

Der Tate sprach den Segen über Wein, Brot und die Laubhütte, und danach begann unser Sukkot-Essen.

Zuerst die Hühnersuppe mit Kreplech und dann am allerliebsten Kohlrouladen, später Süßes und Tee mit Zitrone. Weil doch nicht immer genügend Fleisch da war, hab ich die Rouladen mit verschiedenen Füllungen versehen. Und die Kinder hatten großen Spaß daran zu raten, was wohl in den Rouladen war, die sie gegessen haben.

Es gab mehrere Füllungen. Natürlich die mit koscherem Gehacktem, die mit Brot oder auch die Kohl-in-Kohl-Füllung, dann die mit Rosinenreis und die Karottenfüllung.

Alles hat beileibe nicht geschmeckt, aber es machte satt. Es war viel, und der Phantasie waren keine Grenzen gesetzt, wenn es um neue Füllungen für das Sukkot-Fest im nächsten Jahr ging."

Josefs Laubhüttenbilder blieben lange in Maras Besitz. Sie brachten ihr noch Trost, da waren die Söhne schon ausgewandert und sollten doch nie ankommen; da waren die Töchter schon vor den Nazis geflohen und keiner wußte, ob sie noch am Leben waren.

Mara und der alte Jacob lebten angsterfüllt hinter den düsteren Mauern in der Schendelgasse und lauschten den Bedrohungen, die von der Straße ins Haus drangen.

Zu den wenigen, verbleibenden Laubhüttenfesten wurden von Mara in aller Stille einige der bemalten Bretter aufgestellt, ans offene Fenster, ins Licht. Sie und der Tate, die die Zeit vorzeitig hatte altern und krank werden lassen, erinnerten sich der schweren und auch der glücklichen Stunden mit den Kindern mit wehem Herzen.

„In unserem letzten gemeinsamen Jahr", sagt Mara leise, „hab ich die Bretter zu Chanukka verheizen müssen. Der Mann war schon so krank und wir haben so gefroren. Da hab ich denken müssen, daß der Allmächtige und auch der Josef, so er noch am Leben ist, es uns vergibt, wenn wir die Bretter zur Wärme spenden. Ich hab geheult, auch dem Tate liefen die Tränen still über seine Wangen, aber wir hatten eine warme letzte Stunde miteinander. Mehr blieb uns nicht - keinem von uns."

Der 6. Tag des Laubhüttenfestes ist Hoschana Raba, der Gerichtstag. Nun ist das Schicksal eingeschrieben und besiegelt. Das Gebet um Hilfe, Hoschana, wird jeden Tag gebetet. Aber an Hoschana Raba wird das Gebet vom Schlagen der „Hilf mir" begleitet. „Hilf mir" sind Bündel aus Zweigen, die solange geschlagen werden, bis alle Blätter abgefallen sind.

Das Ende dieses Tages ist der Beginn von Simchat Thora (hebräisch: Fest der Freude).

Die Thorarollen werden an Simchat Thora aus der Lade genommen und siebenmal in der Synagoge um die Plattform getragen. Jeder Erwachsene muß wenigstens einmal eine Rolle getragen haben. Die Frauen und die Kinder nehmen auf besondere Weise daran teil.

Die Frauen bemühen sich, die Thorarolle so oft wie möglich zu „küssen". Das heißt, sie berühren mit dem Finger die Rollen und küssen dann den Finger.

Die Kinder tragen ein „Sukess-Banner", das von einem Apfel gekrönt ist, in dem eine Kerze steckt. Der Apfel muß groß, rund und blank und das Banner sollte reich an Abbildungen und Verzierungen sein, wenn es sich die Eltern leisten konnten.

Die Gläubigen gehen den nächsten Tag, den Simchat Thora, in die Synagoge oder in die Betstube. Es wird der letzte Abschnitt der Thora gelesen und der 1. Satz des neuen Abschnitts; die jährliche Zykluslesung nimmt wieder ihren Anfang. Am Anfang schuf Gott Himmel und Erde ...

Danach findet man sich zu einem festlichen Essen zusammen und beendigt Sukkot.

„Aus frühester Kindheit", so heißt es bei Max Brod, „schwebte ein Duft von exotischen Früchten heran (im Herbst vor dem Laubhüttenfest) - ein paar Tage lang war Morgen für Morgen zusammen mit der kühlen Herbstluft ein alter Mann husch-husch in unsere Wohnung gestürzt, hatte Zweige, einen Palmast, eine Art von Zitrone, dargereicht, die man aber ‚Ethrog‘ nannte, der Vater hatte hastig den Palmzweig geschüttelt, den Ethrog zur Nase geführt und Luft eingesogen, einen Segensspruch gesagt - dann war der fremde Mann rasch wieder weggerannt, denn er hatte noch in vielen anderen Wohnungen den gleichen rätselhaften Dienst zu leisten.

Reste der Zeremonien des Laubhüttenfestes waren das, die sich in einer ‚aufgeklärten‘ Familie schattenhaft erhielten, ehe sie ganz verschwanden." (18)

Anders die Erinnerungen Bella Chagalls, die die Kraft und das Erlebnis eines solchen Feiertags verströmen:

„Einmal im Jahr ist es den Kindern erlaubt, in der Synagoge ungehindert vergnügt zu sein. Schon am Vorabend sind wir todmüde und atemlos vor lauter freudigem Tanzen.

Die Synagoge ist voller Menschen, und soviele Jungen sind da, daß man nicht weiß, wo man sich vor ihnen verstecken soll. Zur Hakafot-Prozession (hebräisch: Hakafa = Umzug, Umrundung) dürfen auch die kleinen Mädchen in die Männerabteilung; sie balgen sich zwischen den Füßen der Erwachsenen herum.

Die Lichter scheinen mit neuem Feuer zu brennen. Der Heilige Schrein steht offen, die Thorarollen alle in Festtagsmäntelchen, werden eine nach der anderen herausgenommen. Die Synagoge ist festlich wie ein hoher Tempel. Die Männer tanzen, die Thorarollen in den Händen, und die Kinder stampfen und tanzen mit ihnen.

Wir rennen wie die Wilden um das Pult des Vorbeters, laufen an der einen Seite hinauf, an der anderen hinunter. Die Stufen ächzen unter unseren Füßen.

Jeder stößt und jagt den anderen und versucht, so oft wie möglich um das Pult zu kreisen, und keiner hat Zeit, das geschnitzte Geländer zu berühren oder schnell zu streicheln, nicht einmal Atem schöpfen kann man. In unseren Händen rasseln die Klappern. Wir vollführen schrecklichen Lärm. Unsere Papierfähnchen pfeifen, flattern und zerreißen im Wind ..." (19)

Chanukka

„Alle jüdischen Feste sind schön.

In ihren uralten Traditionen und Bräuchen, den feierlichen Gottesdiensten in der Synagoge, den Liedern, die nur an diesem Tag gesungen werden, und den Speisen, die man nur an diesem Tag zubereitet, liegt ihr einmaliger Zauber. Es sind unvergeßliche Augenblicke im Kreise der Familie, und die jüdischen Kinder erleben sie an der Seite der Erwachsenen - Jahr um Jahr.

Alle jüdischen Feste sind schön. Aber eines ist den Kindern am liebsten: Chanukka, das Lichterfest.

Vor vielen Jahren wollte der seleukidische König Antiochus Epiphanes die Juden zwingen, sich vom Glauben ihrer Väter loszusagen. Er verbot ihnen, zum einzigen Gott zu beten, die Heilige Schrift zu lesen und zu studieren, die Feiertage und die Gesetze ihrer Vorfahren einzuhalten. Antiochus war ein harter Herrscher, der über ein starkes Heer verfügte. Er ließ alle Juden, die seine Befehle nicht befolgten, töten. Schließlich wurde auch ihr Heiligtum, der Tempel von Jerusalem, entweiht. Da erfaßte die Juden Ratlosigkeit und Verzweiflung. Wohin sollten sie sich wenden?

Einige flohen in die Berge, um hier die Worte der Schrift zu befolgen, aber nicht einmal dort waren sie vor den Häschern des Antiochus sicher.

An jenen Tagen suchte der Hohepriester Mattatias mit seinen fünf Söhnen die gesetzestreuen Flüchtlinge auf und ermutigte sie, sich zur Wehr zu setzen. Juda Makkabäus, sein ältester Sohn, stellte ein kleines Heer zusammen, und drei Jahre, nachdem Antiochus sein schimpfliches Dekret erlassen hatte, errangen die Makkabäer den Sieg über den überlegenen Gegner. Nachdem sie die Sünder geschlagen hatten, betraten die Helden den verwüsteten Tempel, säuberten ihn und entfernten die Götzenbilder und bereiteten alles zu seiner Wiedereinweihung vor. Alles war bereit, nur der siebenarmige Leuchter, die Menora, mußte angezündet werden. Dazu aber benötigte man besonderes Olivenöl, aber nur ein kleines Kännchen war noch vorhanden. Das war zu wenig, denn die Menora darf nicht erlöschen und das Öl reichte höchstens einen einzigen Tag. Gleichwohl entzündeten die Makkabäer den Leuchter und dankten Gott für seine Hilfe. Da ließ er ein Wunder geschehen:

Die von einem einzigen Ölkännchen gespeisten Lichter brannten nicht nur am ersten Tag, sie brannten auch am zweiten und am dritten - sie brannten volle acht Tage, bis die Priester neues Öl angefertigt hatten.

Zur ewigen Erinnerung an den Sieg der Makkabäer und an das Lichtwunder, feiern die Juden das Lichterfest Chanukka.

Die Kinder liebten dieses Fest, weil sie an diesem Tag Geschenke bekommen und süßes, nur für diesen Tag bestimmtes Gebäck essen dürfen. Vor allem aber freuten sie sich auf das Lichteranzünden, das den Kindern vorbehalten ist. Am ersten Tag zünden sie das erste Licht an und jeden weiteren Tag eines mehr. Und am achten Tag strahlt der Chanukkaleuchter in vollem Glanz.

Chanukka beginnt im Winter, nach dem jüdischen Kalender am 25. Tag des Monats Kislew. Es ist die Jahreszeit, in der die Tage am kürzesten und die Nächte am längsten sind. Eine Zeit, wie geschaffen zum Erzählen von Märchen, Geschichten und Legenden ..." (20)

Mehr als alle anderen ist das Chanukka-Lichterfest ein Fest der Familie im Dezember.

Die Chanukkalichter, früher sichtbar an Fenstern und Türen aufgestellt, brennen auf der Menora, dem achtarmigen Leuchter, der sich vom siebenarmigen Sabbat-Leuchter durch den achten Kerzenhalter in der Mitte unterscheidet.

Es gibt ein neuntes, ein Bedienungslicht, den sogenannten Schammes (hebräisch: Diener). Mit ihm werden die Kerzen auf der Menora entzündet. Der achte Kerzenhalter symbolisiert das zunehmende Licht im Jahr nach der Wintersonnenwende, da die Tage wieder länger werden.

Für die Kinder ist es das Fest der Geschenke und eines des besonderen Familienlebens.

Nach üppigen, festlichen Mahlzeiten wird gesungen, musiziert, gespielt und erzählt.

Größere Geldgeschenke sind für die Kinder zu erwarten, das „chanike-gelt"; das Kartenspiel, sonst nicht sehr beliebt, ist an diesem Tag erlaubt. Die Kinder holen den Chanukka-Kreisel hervor. Ein würfelartiger Kreisel, dem man prophetische Kräfte zumißt, denn jede seiner Seiten ist mit den Anfangsbuchstaben des Satzes: „Ein großes Wunder ist geschehen" versehen. Gemeint ist das Wunder vom Sieg der Makkabäer.

Die Ostjuden nennen ihn „Spielzeug mit tachlis".

In den acht Lichtertagen gibt es zwei besonders festliche Abendessen:

Das Licht der 5. Kerze und das Chanukka-Sabbat-Essen. Das Licht der 5. Kerze gehört dem äußeren Kreis der Familie. Freunde, Bekannte kommen, bringen Geschenke und empfangen welche. Ein lang andauerndes Essen füllt den Abend.

Das Chanukka-Sabbat-Essen, wenn es mit Sabbat zusammenfällt, gehört ganz und gar der Familie.

Eine kulinarische Köstlichkeit für diesen Abend ist die gefüllte Gans.

Danach - so der Magen es noch zuläßt - gibt es Käsepfannkuchen und kleine in Öl gebackene Pfannkuchen, die sich Berliner Ballen nennen oder glasierte Krapfen, jedoch wenig mit den heute bekannten Berliner Pfannkuchen gemein haben. Auch Kartoffelpfannkuchen, Latkes, werden gern gegessen. Die östlichen Juden bevorzugen zu diesem Anlaß „Kartoffelpfannkuchen in Schmalts", der seine individuellen Varianten hat und die Hausfrauen zu regem Austausch der Rezepte veranlaßt.

Es geht die Legende, daß die schöne Judith aus Betulia in Judäa, dem feindlichen Heerführer soviel Käsepfannkuchen zu essen gegeben hat, daß er seinen Durst mit Wein zu löschen suchte und bis zum Umfallen trank, also wehrlos war.

Fraglos ist das eine liebenswürdige Küchenvariante jenes „Buches Judith" im Alten Testament.

Judith, die Holofernes, dem Heerführer des babylonischen Herrschers Nebukadnezar, mit dessen Schwert den Kopf abschlug, um ihr Volk zu retten.

Die Worte des Rabbiners Max Grunwald tragen den zarten Erinnerungsschleier und deuten den tiefen Sinn des Festes:

„Nichts sonst erinnert bei uns im Haus und im Betraum an jene Siege als ein Lichtchen, das sich acht Tage lang täglich um eines vermehrt, und eine stille Feier im Frieden des Hauses. Denn wir feiern im Chanukkafest nicht die Siege der Makkabäer, sondern die Wiederaufnahme des Tempeldienstes, des Anzündens der Menora. Das Chanukkalichtchen deutet bloß den Sinn des Sieges der Makkabäer an und das Mittel und Geheimnis dieses Siegs. ‚Nicht durch die Macht und nicht durch die Kraft, sondern durch meinen Geist spricht der Herr der Heerscharen' (Sechraja 4,6)." (21)

Chanukka-Rezepte

Gebratene, gefüllte Gans

1 Gans, 2 Eßl. ausgelassenes Gänsefett, 1 Tasse gehackte Zwiebeln, 5 Tassen geriebene, ausgedrückte rohe Kartoffeln, 1 geschlagenes Ei, 4 Tl. Salz, 1 Tl. Pfeffer, 1 Eßl. Paprika, 1 - 2 zerdrückte Knoblauchzehen.

Der Gans soviel Fett als möglich entnehmen und auslassen, Leber und Magen durchdrehen. Zwiebeln in Fett bräunen, Kartoffelbrei dazugeben und bei mäßiger Hitze 2 Minuten braten.

Wenn die Mischung abgekühlt ist, das geschlagene Ei , 1 1/2 Tl. Salz, 1/2 Tl. Pfeffer, 1 Tl. Paprika und die durchgedrehten Innereien vermengen. Man bestreut die Gans mit den restlichen Gewürzen und füllt sie mit der vorbereiteten Füllung. Dann wird die Gans gut verschlossen und zugedeckt bei mittlerer Hitze 1 Stunde gebraten, danach bei geöffnetem Deckel weitere 2 1/2 Stunden bis sie zart und gebräunt ist.

Berliner Ballen

Entscheidend für dieses Gebäck ist, daß es nicht mit Hefe, sondern mit Backpulver hergestellt wird:

4 Glas gesiebtes Mehl, 1 Tl. Salz, 1 Glas Zucker, 1 Tl. Zimt, 1 geriebene Zitronenschale, 4 Eßl. Öl, 4 Tl. Backpulver, 2 Eier, Backfett, Puderzucker und Zimt.

Mehl, Backpulver und Salz vermischen. In eine Vertiefung die Eier geben und den Teig mit allen Zutaten bis auf Puderzucker und Zimt kneten. Den Teig 1 Stunde warm stellen, mit der Hand kleine Bällchen formen, wenn man will mit einer Spritze Marmelade hineinfüllen. Die Bällchen in heißem Fett bräunen. Wenn sie abgetropft sind, mit Puderzucker und Zimt bestreuen.

Kartoffel-Latkes

Zu Chanukka, aber auch am Freitag vor Sabbat werden diese Kartoffelplätzchen gern zu Tee, Kaffee gereicht. Sie machen nicht viel Arbeit und bieten vom Geschmack die Möglichkeit, individuell zu würzen.

6 Kartoffeln, 2 Eier, 2 Eßl. Mehl, 1 Tl. Salz.

Die Kartoffeln raspeln und auspressen, die Zutaten hinzufügen, alles gut mischen und nach Bedarf scharf oder mild würzen. In kleinen Portionen mit einem Löffel die Kartoffelmasse in heißes Fett geben und beide Seiten schön braun und knusprig werden lassen.

Purim oder das Losfest

Das Purimfest wird im März gefeiert, dauert nur einen Tag und ist mit Fasching vergleichbar.

Ein Tag der Heiterkeit, der Geschenke; man feiert die Befreiung der Juden in Persien vor der Verfolgung Hamans zur Zeit des persischen Königs Xerxes.

Die Bibel erzählt im „Buch Esther" vom Erlaß des königlichen Ministers Haman, wonach jedermann sein Knie vor ihm beugen mußte.

Doch Mordechai, der jüdische Richter im Dienste des Königs, verweigerte ihm ein solches, denn er sei ein Jude und beuge sein Knie nur vor Gott.

Daraufhin beschloß Haman, alle Juden im Lande umbringen zu lassen und Mordechai an einen „Baum im Hause Hamans, 50 Ellen hoch" zu hängen.

Doch Mordechai war nicht nur Richter in königlichen Diensten, sondern auch Vormund und Ziehvater der schönen Esther, die König Xerxes zur Frau genommen hatte. So ließ er Esther nicht nur sein Leid und seine Not wissen, die auch ihre sein würden, und wies sie an, zum König zu gehen und ihn den Beschluß Hamans wissen zu lassen.

Esther wagte es, ungerufen vor den König zu treten,

94

was ihr Leben hätte kosten können, aber sie fand Gnade und Anhörung und lud beide, den König und den Minister zu sich zu einem Festmahl ein.

Dort erzählte sie dem König im Beisein von Haman von dessen böser Intrige. Xerxes ließ nun Haman an den für den Juden bestimmten Baum hängen und erlaubte den Juden, im Lande Rache zu nehmen für alles ihnen angetane Unrecht.

Esthers Sieg macht Purim zu einem heiteren, geschichtlichen Feiertag.

Sie wurde zu einer der antiken Heldinnen, deren Bild noch heute in Florenz, im Palazzo Vechio zu sehen ist. Auch Rilke widmete der ungeheuren Kühnheit der Frau ein bleibendes Denkmal in seinem Gedicht „Esther". Tintoretto und Händel machten ebenfalls die „Esther-Erzählung" zum Gegenstand eines ihrer Werke.

„Purim", so schreibt Mischket Liebermann, „war wenigstens ein lustiger Feiertag ... Ein Jontew (Feiertag), an dem ausnahmsweise nicht soviel gebetet und gar nicht geweint wurde, dafür viel gelacht, gescherzt und gefuttert ... An diesem Tag beherrschten die Kinder und die Jugend das Ghetto. Sie verkleideten sich, gingen von Haus zu Haus und spielten diese Legende. Abends nahmen sie eine Knarre mit in die Synagoge. Sobald der Vorbeter den Namen Haman aussprach, knatterten sie los. Es entstand ein ohrenbetäubender Lärm. Alles lachte und freute sich: Dem Antisemiten Haman haben wir es aber gegeben! Danach versammelten sich viele Anhänger Vaters bei uns im Hause zu Speis und Trank und Tanz. Wiederum nur Männer.

Die Frauen hatten das ‚Vergnügen' zu backen und zu

kochen. Purim bekam Vater Schalachmones (Geschenke) ins Haus geschickt. Das waren wahre Kunstwerke der Bäckerei. Die schönsten Leckerbissen. Halbwüchsige brachten sie auf einem großen, flachen Teller, mit einer weißen Serviette zugedeckt, und überreichten sie dem Rabbi. ,Schalachmones von meinen Eltern', sagten sie. Mein Vater saß auf seinem Stuhl wie König Salomon auf seinem Thron und nahm die Geschenke entgegen. Neben ihm stand eine Kinderbadewanne, in die er alles hineintat. Um die Wanne herum saßen die Kleinen auf dem Fußboden und fischten sich die schönsten Leckerbissen heraus, kaum daß sie drinnen waren. Die Großen warteten ab, bis der Überbringer das Haus verlassen hatte. Wir alle, groß wie klein, aßen uns buchstäblich krank an diesen honigsüßen Dingern. Eine Woche lang hatten wir daran zu knabbern." (22)

> Heute ist Purim
> morgen dahin,
> schenk mir 'nen Groschen
> und rat wer ich bin.

> Heute ist Purim
> ich komm dich besuchen,
> ich sing dir ein Liedchen
> und du schenkst mir Kuchen.

Die Kinder singen und ziehen verkleidet durch die Straßen, bringen „beste Grüsse von allen für jedermann, von Haus zu Haus". Ein freundlicher Begleitsatz und ständige Wiederkehr. Purim ist der Tag der Geschenke für Freunde und für Bekannte und für die Familie.

Die Kinder bekommen Geld, Plätzchen und Honigkuchen.

Die Erwachsenen denken sich besonderes aus; es soll an Purim jederzeit erinnern.

Die Küche an diesem Tag hat ihre Besonderheiten. Gekochte Bohnen oder auch Erbsengerichte werden bevorzugt. Alkohol ist zu diesem Fest erlaubt, soviel einer mag und vertragen kann. Viel Süßes und Gebäck schmücken den Tisch, der wie an Sabbat festlich gedeckt wird.

Bevorzugtes Gebäck sind Hamantaschen, oder auch Hamanohren genannt, die eben an jenen Minister erinnern sollen. Es gibt auch andere Interpretationen: zum Beispiel als Fruchtbarkeitssymbol zu Neujahr. Mancherorts werden sie auch Homentaschen gesprochen und sollen Glück bringen im Neuen Jahr. Aber auch als Nachbildung des Ministerhuts hat es seinen Sinn.

Es sind in jedem Fall dreieckige Teigtaschen, deren Füllung Mohn (auch mit Mandeln und Rosinen) oder auch Pflaumenmus sein kann.

Rezepte zu Purim

Hamantaschen

500 g Mehl, 250 g Butter, 20 g Hefe, 8 Eßl. Milch (lauwarm), 1 Ei, 2 Eßl. Zucker.
Füllung: 200 g Mohn, 40 g Zucker, 1/4 l Milch, abgeriebene Zitronenschale von einer 1/2 Zitrone.
Zum Bestreichen: Eigelb.

Die Hefe mit 4 Eßl. Milch glattrühren, Mehl mit Zucker vermischen, in die Mitte des Mehls eine Mulde drücken, die aufgelöste Hefe hineingeben, den Teig gehen lassen, bis er doppelt so hoch ist. Die Butter und die restliche Milch erwärmen und mit dem Ei einarbeiten, dann den Teig wiederum gehen lassen.

Den Mohn mit allen übrigen Zutaten zu einem dicklichen Brei kochen und auskühlen lassen, den Teig ausrollen und in regelmäßige Dreiecke schneiden (Seitenlängen etwa 10 - 15 cm). In die Mitte eines jeden Teigstücks die Füllung geben, die Ecken zur Mitte hin zusammenschlagen, mit Eigelb bestreichen, auf ein gefettetes, bemehltes Blech legen und goldbraun bakken.

Natürlich kann die Hefe auch gegen Backpulver ausgetauscht werden, dann kommen auf 4 Tassen Mehl zwei Backpulver. Gern gegessen werden auch Hamantaschen aus Honigteich, dann wird der Teig mit einer Tasse Honig versetzt.

Spaßig für Kinder sind die **Purimmännchen** oder auch Hamänner genannt:

Die einfachere Variante:

500 g Mehl, 40 g Hefe, 1 Prise Salz, 100 g Margarine, 60 g Zucker, 2 Eier.

Aus den Zutaten einen geschlagenen Hefeteig herstellen und ausrollen. Mit einer Schablone (oder auch mit freier Hand) die Männchen aus dem Teig herausschneiden, zwei Rosinenaugen draufsetzen, eventuell mit Zuckerglasur überziehen.

Etwas kalorienhaltiger sind die Purimmännchen nach folgendem Rezept:

1 1/2 Tassen Honig, 1/2 Tasse Butter oder einfaches Fett, (am besten vegetarisch, dann können die Männchen nach Belieben zu milchigen oder auch fleischigen Speisen gegessen werden), je 1/4 Tl. Ingwer, Zimt, Nelkenpulver und Muskat, 1 Tl. Backpulver, Mehl wie nötig, um einen geschmeidigen Teig zu erhalten, 1 Ei zum Bestreichen.

Alle Teile gut miteinander vermischen, eine Kugel formen und den Teig im Kalten ruhen lassen.

Dann den Teig auswalzen, die Männchen ausstechen, mit wasserverdünntem Ei bestreichen und im Ofen goldbraun backen.

Scherben - ein Ölgebäck

2 Eier, 2 - 4 Tassen Zucker, eine Prise Salz, 1 Eßl. Rum, 2 Tassen Mehl, zum Backen Backfett oder Öl, auf keinen Fall Butter, das bräunt zu sehr. Der Teig selbst enthält kein Fett!

Alle Bestandteile zueinander mischen, Mehl soweit, bis ein gut knetbarer Teig entsteht, den man eine Stunde ruhen läßt und danach dünn auswalzt. Dann die Form ausstechen oder rädeln, in Form von Rhomben, diese werden in kochendem Fett goldbraun gebacken. Man kann auch Streifen ausrädeln; in deren Mitte einen Schlitz schneiden und ein Ende des Streifens durch die Öffnung ziehen. Das können dann sehr ulkige Knoten werden. Die Teigteile werden, wenn sie die richtige Farbe haben, aus dem Fett genommen, auf saugfähiges Haushaltspapier gelegt und in Puderzucker und Zimt gewälzt.

Nunt

Der Purimteller kennt Backwerk und Bonbonähnliches, dazu gehört etwas sehr Delikates, das sich Nunt nennt, was der ostjüdische Ausdruck für Nougat ist, eine Art türkischer Honig.

Die Nuntvariationen sind groß, alle basieren auf Honig, möglichst Waldhonig.

Einen Nachteil muß man bei der Eigenherstellung in Kauf nehmen: der verwendete Zucker zieht Feuchtigkeit an und das Nougat wird schon nach einigen Stunden weich und klebrig. Man muß es bald essen, am besten sobald es fertig ist, denn da hat es absolut seinen Bonboncharakter. Berühmt und bevorzugt ist Nunt aus Bienenhonig und Walnüssen:

500 g Bienenhonig (und hier am besten den dunklen Waldhonig), 1/2 Tasse Zucker, 1 kleine Schüssel grob zerkleinerter Walnüsse, Backpapier.

Honig und Zucker zusammen aufkochen, dann die Nüsse dazugeben, unter häufigem Umrühren aufkochen, bis sich der Honig rotbräunlich zu verfärben beginnt und ein Tropfen auf dem Teller erstarrt. Das dauert etwa 20 Minuten. Die Masse dann auf dem Backpapier verteilen, einige Minuten warten und sie mit einem scharfen Messer in kleine Vierecke zerschneiden.

Das Messer muß dabei immer wieder in sehr heißes Wasser getaucht werden, damit der Nunt nicht kleben bleibt. Die Nuntstückchen sollen auf dem Papier erkalten und später von ihm abgehoben werden.

Sesam-Nunt

Das ist eine Variante des Walnußnunts.

2 Tassen Zucker, 2/3 Tasse Honig, 1/2 Tl. Ingwerpulver, 1 Prise Salz, 2 Tassen Sesam, 1/2 Tasse grob gehackte Walnüsse.

Zucker, Honig, Ingwer und Salz vermischen, unter ständigem Rühren erhitzen, bis der Zucker ganz geschmolzen ist. Zum Rühren verwendet man am besten einen Holzlöffel. Der Kochprozeß, der dann bei kleinerem Feuer verlaufen soll, geht solange, bis ein Tropfen der Masse auf feuchter Grundlage fest bleibt; das geschieht etwa nach 20 Minuten.

Jetzt die Sesamkernchen und die Nußsplitter unter die Masse ziehen und noch 1 Minute weiterkochen. Dann wird nach dem Nunt-Rezept weiterverfahren.

Mohn-Nunt

Ähnlich dem Sesam-Nunt, kann man Mohn-Nunt herstellen, auch Mondelech genannt.

250 g Mohn, 250 g dunklen Waldhonig, 125 g grob gehackte Walnüsse, Backpapier.

Den Mohn mit kochendem Wasser übergießen und über Nacht einweichen. Am nächsten Tag den Mohn malen und den Honig, nachdem dieser aufgekocht ist, beimengen.

Die Masse solange kochen, bis sie dick ist und der Honig sich rotbraun zu verfärben beginnt; das geschieht nach etwa 20 Minuten.

Jetzt die Nüsse dazugeben und alles 1 Minute weiterkochen lassen. Die Tropfenprobe machen und den Nunt auf das Papier stürzen, auswalzen und mit einem angefeuchteten Messer Nuntstückchen schneiden.

Mandelbrötchen

125 g gehackte Mandeln, 125 g Zucker (gemischt mit Vanillezucker), 3 Eiweiß.

Eiweiß und Zucker zu Schnee aufschlagen, die Mandeln untermischen. Mit einem Löffel werden kleine Portionen (Brötchen) abgestochen auf Oblaten gelegt und bei geringer Hitze gebacken.

Man kann 50 Prozent des Zuckers auch durch geraspelte Schokolade ersetzen.

Pessach oder auch Passahfest

Die Pessachfeier - Martin Luther prägte das Wort „Passah" für dieses Fest - gilt der Befreiung aus ägyptischer Sklaverei, es ist der Beginn eines Volkes.

Gott sandte den ägyptischen Unterdrückern die sieben Plagen und den Würgeengel, der alle Erstgeborene unter den Ägyptern erschlug, nicht aber die Kinder Israels. Ihr Auszug aus Ägypten und der Weg in die Wüste war der Weg in die Freiheit: „Sieben Tage sollst du ungesäuertes Brot essen und am siebenten Tag ist das Fest des Herrn."

Pessach, das siebentägige jüdische Fest im Nissan (das ist die Zeit im April). In der Bibel steht: „Wenn nun eure Söhne euch fragen: Was bedeutet dieser Brauch? So sprechet: Ein Passah-Opfer ist es dem Herrn, weil er hinwegschritt über die Häuser der Kinder Israel in Aegypten, als er die Aegypter schlug, und unsere Häupter verschonte ..." (23)

Pessach hat seinen festen rituellen Ablauf in der Familie. Der 1. und der 7. Tag sind volle Feiertage, die restlichen fünf sind Halbfeiertage. Eine Fülle mosaischer Regeln, die die Küche, den Haushalt also die Hausfrau betreffen, bringen viel Arbeit.

Mischket Liebermann hebt diese Seite besonders hervor:

„Im April folgte Pejsech, das Osterfest, und mit ihm ein solcher Haufen Arbeit für mich, daß es zur Qual wurde. Acht Tage lang wurde gefeiert, zur Erinnerung an den Auszug der Kinder Israels aus Ägypten. Die ersten zwei Tage streng wie am Sabbat, dann vier Tage, an denen man werken und wirken durfte, und dann noch einmal zwei strenge Feiertage. Als die ‚Kinder Israels' Ägypten verließen, hatten sie keine Zeit, Brot zu säuern und zu backen. Sie machten aus Mehl und Wasser - Mazza. Eine Art Knäckebrot, nur noch dünner, rund und groß wie ein Teller und völlig ungesalzen. Gebacken wurde dieses Zeug auf Steinen, die zur Genüge am Wege lagen, auf dem Grund des Roten Meeres, das Moses mit seinem Stab in zwei Hälften geteilt hatte, damit die Menschenkarawane ans andere Ufer konnte ...

Alle mußten ran: Vater, Mutter, die drei Geschwister, die noch zu Hause waren, sogar mein dreijähriges Brüderlein Jankel, das sich die größte Mühe gab. Die ganze Wohnung wurde auf den Kopf gestellt, alle Möbel ausgeräumt. Wir klopften und schrubberten, denn es durfte sich kein Krümel Brot verkrümeln. Kochherd und Backofen wurden ausgeglüht, damit nicht die geringsten Speisereste verblieben. Das Ostergeschirr packten wir aus der einen Kiste aus und das alltägliche in eine andere ein. Acht Tage lang nährten wir uns hauptsächlich von Mazza, Kartoffeln und Eiern, aus denen ich die schmackhaftesten Speisen zubereitete. Aber wir Kinder freuten uns, wenn die Tage vorbei waren und wir wieder einen derben Kanten Brot essen konnten. Denn satt wurden wir von diesen zarten Gerichten nicht.

So ein Sederabend, der erste Osterabend, verlief sehr zeremoniell. Vater saß im weißen Gewand auf vielen Kissen, weil es damals, beim Auszug, so steinhart war. Mein jüngster Bruder lispelte die vier auswendig gelernten Kasches, Fragen über den Auszug. Jedes Jahr dieselben Fragen, Tausende Jahre lang. Und die Antwort? Sie blieb aus. Alle tauchten wir den Zeigefinger in den Becher Wein und zählten die zehn Plagen aus jener Zeit auf. Zur Erinnerung an die bitteren Begebenheiten aßen die Männer einen Eßlöffel frisch geriebenen Meerrettich und schüttelten sich dabei. Ihre Augen tränten. Wir Frauen wurden verschont, ausnahmsweise mal. Nach unendlich vielen Segenssprüchen begann schließlich das Essen. Uns Kindern knurrte schon der Magen. Am Tisch wurde ein Platz für den Propheten Elia freigehalten. Den ganzen Abend stand die Wohnungstür offen. Aber er kam nicht. Wir Kinder waren jedes Jahr aufs neue enttäuscht." (24)

Für die europäischen Juden war die Pessachfeier in früheren Jahrhunderten nicht ungefährlich. Sie rückte in die Nähe des christlichen Osterfestes, das der Kreuzigung Jesu gedachte, seine Auferstehung feierte.

Blutige Legenden wurden den feiernden Juden vielfach zum Verhängnis. Heinrich Heine griff in seiner Novelle „Der Rabbi von Bacherach" zu diesem Motiv:

„Im großen Saale seines Hauses saß einst Rabbi Abraham, und mit seinen Anverwandten, Schülern und übrigen Gästen beging er die Abendfeier des Paschafestes. Im Saale war alles mehr als gewöhnlich blank; über den Tisch zog sich die buntgestickte Seidendecke, deren Goldfransen bis auf die Erde hingen. Traulich schimmerten die Tellerchen mit den symbolischen Speisen sowie auch die hohen weingefüllten Becher, woran als Zierrat lauter heilige Geschichten von getriebener Arbeit; die Männer saßen in ihren Schwarzmänteln und schwarzen Platthüten und weißen Halsbergen; die Frauen, in ihren wunderlich glitzernden Kleidern von lombardischen Stoffen, trugen um Haupt und Hals ihr Gold- und Perlengeschmeide, und die silberne Sabbatlampe goß ihr festliches Licht über die andächtig vergnügten Gesichter der Alten und Jungen.

Auf den purpurnen Sammetkissen eines mehr als die anderen erhabenen Sessels und angelehnt, wie es der Gebrauch heischt, saß Rabbi Abraham und sang die Agade, und der bunte Chor stimmte ein oder antwortete bei den vorgeschriebenen Stellen. Der Rabbi trug ebenfalls sein schwarzes Festkleid, seine edelgeformten, etwas strengen Züge waren milder denn gewöhnlich, die Lippen lächelten hervor aus dem braunen Bart, als wenn sie viel Holdes erzählen wollten, und in seinen Augen schwamm es wie selige Erinnerung und Ahnung ...

Da öffnete sich die Saalthüre und herein traten zwei große, blasse Männer, in sehr weite Mäntel gehüllt, und der eine sprach:

‚Friede sei mit euch, wir sind reisende Glaubensgenossen und wünschen das Paschafest mit euch zu feiern.‘ Und der Rabbi antwortete rasch und freundlich: ‚Mit euch sei Frieden, setzt euch nieder in meine Nähe.‘ Die beiden Fremdlinge setzten sich alsbald zu Tische und der Rabbi fuhr fort im Vorlesen ...

Derweilen nun die schöne Sara andächtig zuhörte und ihren Mann beständig ansah, bemerkte sie, wie plötzlich sein Antlitz in grausiger Verzerrung erstarrte, das Blut aus seinen Wangen und Lippen verschwand und seine Augen wie Eiszapfen hervorglotzten; aber fast im selben Augenblicke, sah sie, wie seine Züge wieder die vorige Ruhe und Heiterkeit annahmen, wie seine Lippen und Wangen sich wieder röteten, seine Augen munter umherkreisten, ja, wie sogar eine ihm sonst ganz fremde tolle Laune sein ganzes Wesen ergriff. Die schöne Sara erschrak, wie sie noch nie in ihrem Leben erschrocken war, und ein inneres Grauen stieg kältend in ihr auf, weniger wegen der Zeichen von starrem Entsetzen, die sie einen Moment im Gesichte ihres Mannes erblickt hatte, als wegen seiner jetzigen Fröhlichkeit, die allmählich in jauchzende Ausgelassenheit überging. Der Rabbi schob sein Barett spielend von einem Ohr nach dem anderen, zupfte und kräuselte possierlich seine Bartlocken, sang den Agadetext nach der Weise eines Gassenhauers, und bei der Aufzählung der ägyptischen Plagen, wo man mehrmals den Zeigefinger in den vollen Weinbecher eintunkt und den anhängenden Weintropfen zur Erde wirft, bespritzte der Rabbi die jüngeren Mädchen mit Rotwein, und es gab großes Klagen über verdorbene Halskrausen und schallendes Gelächter ...

Da kam die Zeit, wo die Abendmahlzeit gehalten wird, alle standen auf, um sich zu waschen, und die schöne Sara holte das große silberne, mit getriebenen Goldfiguren verzierte Waschbecken, das sie jedem der Gäste vorhielt, während ihm das Wasser über die Hände gegossen wurde. Als sie auch dem Rabbi diesen

Dienst erwies, blinzelte ihr dieser bedeutsam mit den Augen und schlich sich zur Thüre hinaus. Die schöne Sara folgte ihm auf dem Fuße; hastig ergriff der Rabbi die Hand seines Weibes, eilig zog er sie fort durch die dunklen Gassen Bacherachs, eilig zum Thor hinaus auf die Landstrasse, die den Rhein entlang nach Bingen führt.

Der Rabbi, des Sprechens ohnmächtig, bewegte mehrmals lautlos die Lippen, und endlich rief er:

‚Siehst du den Engel des Todes? Dort unten schwebt er über Bacherach! Wir aber sind seinem Schwert entronnen. Gelobt sei der Herr!‘ Und mit einer Stimme, die noch vor innerem Entsetzen bebte erzählte er: Wie er wohlgemut die Agade hinsingend und angelehnt saß und zufällig unter den Tisch schaute, habe er dort zu seinen Füßen den blutigen Leichnam eines Kindes erblickt.

‚Da merkte ich‘, - setzte der Rabbi hinzu -, daß unsere zwei Gäste nicht von der Gemeinde Israels waren, sondern von der Versammlung der Gottlosen, die sich beraten hatten, jenen Leichnam heimlich in unser Haus zu schaffen, um uns des Kindesmordes zu beschuldigen und das Volk aufzureizen, uns zu plündern und zu morden. Ich durfte nicht merken lassen, daß ich das Werk der Finsterniß durchschaut; ich hätte dadurch nur mein Verderben beschleunigt, und nur die List hat uns beide gerettet. Gelobt sei der Herr. Ängstige dich nicht, schöne Sara; auch unsere Freunde und Verwandten werden gerettet sein. Nur nach meinem Blut lechzten die Ruchlosen; ich bin ihnen entronnen, und sie begnügen sich mit meinem Silber und Golde.‘‘‘ (25)

Die Vorbereitung des Pessachfestes beginnt schon Wochen und Monate zuvor. Fett wird in besonders gereinigten Töpfen ausgelassen und getrennt von anderen Lebensmitteln aufbewahrt, Rosinen werden zur Herstellung des Weines gekauft (Pessachwein), Borschtsch wird angesetzt und so weiter.

Die Säuberung der Wohnung (oder des Hauses), ist heilige Pflicht. Das nur für Pessach bestimmte Geschirr - bei reicheren Juden gab es sogar zwei Ausführungen: für milchige und für fleischige Speisen - wird hervorgeholt. Gab es kein zweites, wurde das Alltagsgeschirr besonders gereinigt durch Übergießen mit kochendem Wasser.

Das Vorabend-Ritual besteht in der Kontrolle aller Räume, die vor allem Brotresten (also gesäuertem Brot) gilt oder auch dem Mehl sowie allen anderen Zutaten.

Fand der Vater solches (was oftmals von der Hausfrau bewußt hingelegt wurde), so wurden die Brotkrümel eingewickelt und verbrannt oder am nächsten Tag gegen 10 Uhr verbrannt.

Vor dem Ausräumen spricht der Vater:

„Aller Sauerteig und alles Gesäuerte, das sich in meinem Besitz befindet und ich nicht gesehen und ich nicht weggeschafft habe, soll als nichts und dem Staub der Erde gleich geachtet werden."

Der Spruch wird beim Verbrennen des Brotes am nächsten Tag wiederholt. Mehlvorräte wurden pro forma an nichtjüdische Nachbarn verkauft, um sie nach Pessach pro forma wieder zurückzukaufen.

Mara erzählt die Geschichte vom Pessachkleid ihrer Mutter.

„Sie war wohl eine der wenigen Jüdinnen in unserem Viertel, die ein Pessachkleid hatte.

Jedenfalls nannte sie es so, und sie zog es heilig nur an diesen Tagen an, bis ins hohe Alter.

Die Mutter war eine gute, sorgende Hausfrau, und Mehl hatten wir immer zu Hause.

In irgendeinem Jahr, wir Kinder waren schon ziemlich groß, schickte sie uns zu Pessach mit dem ganzen Mehl, das wir im Hause hatten, zu einem christlichen Nachbarn, der gerade erst in unser Haus gezogen war.

Einen fremden Menschen nannte ihn mein Vater und machte meiner Mutter herbe Vorwürfe, wie man sein Vertrauen in fremde Menschen setzen könne. Aber meine Mutter hatte das für sich entschieden und wir hatten, wie befohlen, das Mehl zu ihm hingetragen, auf daß kein Krümelchen unter dem Dach mehr war. Der Nachbar gab uns auch das Geld dafür, und damit schien die Sache erledigt, und das Pessachfest nahm seinen Lauf.

Später dann, als alles Geschirr wieder in den Körben war und der Alltag einzog, ging die Mutter, das Mehl zurückzukaufen, aber der Nachbar hatte alles verbraucht.

Er war im guten Glauben, es redlich bezahlt zu haben und kannte nicht die Gepflogenheiten seiner jüdischen Nachbarn.

Die Mutter wagte es nicht, dem Vater davon zu erzählen und schickte uns Kinder, Mehl auf Pump zu holen, damit der Haushalt weiter laufen konnte. Schwören mußten wir, dem Vater davon kein Wort zu sagen.

Doch eines Tages stand eben dieser Nachbar vor unserer Tür und fragte nach der Mutter.

Wir hörten ein langes Debattieren hinter verschlossener Tür, schließlich aber ging sie mit ihm weg und kam mit einem feinen Karton unter dem Arm zurück. Wir durften erst ins Zimmer nach ihrem Ruf und standen überrascht vor einer schönen Frau in einem noch schöneren Kleid aus schwerer dunkelroter Seide mit Samt und Spitze versehen.

Begeistert umrundeten wir unsere Mutter und bestätigten ihr ein ums andere Mal, wie schön sie aussah.

Dann hat sie uns die Geschichte ganz und gar erzählt.

Der Nachbar hatte sozusagen über Nacht einen Laden geerbt, in der Grenadierstraße. Theater-Requisiten, Vertriebs-Institut, nannte er sich. Ein kleiner Laden, zwei Stufen führten zu ihm hinein, ein schmales Schaufenster, in dem kleine weiße Gaslampen ihr Licht auf bescheidene Dekorationsstücke warfen.

Und da den guten Mann ein schlechtes Gewissen wegen des verbrauchten Mehls zu Pessach plagte, lud er meine Mutter kurzerhand in diesen Laden ein und bat sie, sich etwas auszusuchen, was den Mehlverlust wieder wettmachen würde.

Da griff unsere Mutter zu diesem Kleid und der Nachbar soll sehr zufrieden gesagt haben:

‚Sehen Sie, gnädige Frau. Was ist das bißchen Mehl gegen dieses Kleid. Jahre werden Sie es haben - und wo ist dann das Mehl?‘

Und wieder mußten wir schwören, zum Vater kein Wort, nie haben wir erfahren, wann sie es ihm gesagt haben mag. Zum nächsten Pessach jedenfalls versammelte der Vater all seine Kinder und dann betrat unsere Mutter das Zimmer in diesem Kleid. Der Vater fragte:

‚Was sagt ihr dazu?' Wir schrien und staunten und spielten unsere Überraschung so gut, daß die Mutter uns vergnügt jedem einen extra Teller Süßigkeiten spendierte."

Die strenge Befolgung der Pessach-Gesetze verbietet Speisen und Lebensmittel, die sauer werden könnten. Ausgenommen davon sind Wein, Met und Honigwein, denn hier ist die Gärung abgeschlossen. Ebenso erlaubt ist bereits gesäuertes, wie Sauerkraut, saure Gurken, rote Rüben etc. Die Herstellung der Matze wurde in der Regel von einer Bäckerei übernommen, die dem Ritus der Herstellung entsprach: Es wurden dazu extra Leute eingestellt.

Ein Mädchen zum Teig ausrollen und eines zum Kneten des Teiges, ein Junge, der das Wasser zuschüttete, denn die Kneterin durfte das Wasser nicht berühren, ein Lochmacher, der die Löcher in den Teig stach, einer, der das Mehl abwog, einer, der auf den Teig aufpaßte, denn dieser durfte nicht eine Minute aus den Augen gelassen werden. Der Ofen befand sich dort, wo der Lochmacher arbeitete.

Die Herstellung der Matze aus Mehl und Wasser legt der Talmud sehr genau fest.

Das Mehl besteht aus Weizen, Roggen, Gerste und Hafer und muß schnell verbacken werden.

Dünn ausgerollt und mit Einstichen versehen, ist es von trockener, zerbrechlicher Substanz, früher in runder Form, heute in quadratischer. Früher aßen die Juden es nur am 1. Pessachtag, heute wird es die ganze Woche gegessen.

Herzstück des Festes, neben Besuchen und liturgischen Gebeten in der Synagoge, ist das Seder-Mahl. Die Grundelemente der Seder sind: Die Haggada (die Erzählung), Wein, Matze und die Familie. Schon am Decken der Tafel ist die ganze Familie beteiligt.

Die Festtafel ist hell erleuchtet und geschmückt. Der Hausherr sitzt zuoberst am Tisch, zurückgelehnt in Kissen, trinkt, nach links geneigt, und bezeugt damit, ein freier Mann zu sein. Er ist festlich gekleidet in ein weißes Gewand, das je nach Vermögen aus einfachem oder auch kostbarem Material sein kann, trägt sein weißes „Keppele" und einen Gürtel, der Schmuck der Kleidung sein soll.

Vor ihm steht die Sederschüssel, auch Sederteller genannt, die folgendermaßen belegt ist:

Drei Matzescheiben, die mit einem schönen Tuch oder einer Serviette bedeckt sind. Sie verkörpern die Einheit der religiösen jüdischen Gruppen: Cohen, Lewi, Israel.

Oben auf dem Teller liegt Petersilie, das ist ein süßes Kraut und symbolisiert Frühling und Wachstum. Links davon steht ein Gefäß mit Salzwasser (oder Essig) - das sind die Tränen der Gefangenschaft.

Dahinter liegt das bittere Kraut, zumeist Meerrettich - das meint die Bitterkeit der Sklaverei. Dazu kommt das Charosset (auch Latwerge genannt), eine Mischung aus geriebenen Nüssen, Äpfeln, Wein, Rosinen, Zimt und Zucker (oftmals auch nur ein Brei aus gehackten Nüssen).

Es verkörpert den Lehm, mit dem die Juden in ägyptischer Sklaverei dem Pharao die Tempel und Bauten errichten mußten.

Ein gerösteter Lammknochen, an dem noch ein

wenig Fleisch ist, symbolisiert das geopferte Lamm und ein hartgekochtes Ei das Tempelopfer oder die rollende Wandelbarkeit des Schicksals und die Fruchtbarkeit des israelischen Volkes.

Vor jedem Familienmitglied, auch vor den Kindern, steht ein Weinglas. Vier Becher roten Weins werden am Sederabend getrunken. Ein gefüllter Becher wird zu den Leuchtern für den Propheten Elias gestellt.

Vor jedem Familienmitglied, zumindest aber vor dem Hausherrn, liegt die Haggada, das Buch, in dem die Pessachgeschichte, der Auszug der Juden aus Ägypten, enthalten ist, dazu die Weihegebete, Lieder und andere Erzählungen.

Der Hausherr spricht den Segensspruch über den Wein und eröffnet den Seder. Danach erfolgt der Segensspruch über das Händewaschen in besonderen, dafür bereitgestellten Gefäßen, und der erste Becher Wein wird getrunken. Dann verteilt der Vater die in Salzwasser getauchten Petersilienzweiglein, die aufgegessen werden.

Die Decke über den drei Matzestücken wird zurückgeschlagen, das mittlere Matzestück wird durchgebrochen und das größere Stück wird zurückgelegt, zum Nachtisch oder Aphikoman.

Alsdann spricht der Hausherr, auf die Matze deutend:
„Seht Kinder, das ist das ärmliche Brot,
Das einst in Ägyptens drängender Not,
Die Väter sich mußten bereiten.
Doch der große, der heilige Gott zerbrach
Die Ketten der Knechtschaft, die Fesseln der
                                                    Schmach
Und führt uns zu lichteren Zeiten.

Und wenn man auch heut' noch das Recht uns
versagt,
Und die Brüder, die armen, verfolget und plagt -
Auf frohere Jahre wir hoffen.
Doch heut' - wer sich sehnet nach festlichem Strahl,
Er sei uns willkommen beim Sedermahl,
Weit stehen die Pforten offen." (26)

Nun wird das zweite Glas eingeschenkt und wieder werden die Hände gewaschen. Danach stellt das jüngste Kind (es sollte ein Junge sein) der Tischgesellschaft die vier Fragen und setzt damit das Ritual in Gang. Die Seder setzt ein und ist ihrem Wesen nach eine große Antwort auf die Frage, warum es gut ist, ein Jude zu sein, und warum es schwer ist, ein Jude zu sein.

Das Kind fragt:

Was ist dieser Abend anders als alle anderen, daß wir an allen Abenden gesäuertes und ungesäuertes Brot essen, heute abend nur ungesäuertes;

daß wir an allen anderen Abenden beliebige Kräuter essen, heute abend nur Bitterkraut;

daß wir an allen anderen Abenden Eingetauchtes überhaupt nicht zu essen pflegen, heute abend sogar zweimal;

daß wir an allen anderen Abenden nach Belieben sitzend oder angelehnt essen, heute aber alle angelehnt? (27)

Die Matzestücke werden aufgedeckt und der Hausherr (oder auch die Tischgesellschaft) antwortet dem fragenden Kind.

„Du sollst erzählen! Das ist das Gebot der Heiligen Schrift, und daher kommt ja der Name des Buches, das wir lesen: Hagada, das heißt Erzählung!"

Die nun einsetzende ausführliche Beschreibung des Exodus zählt alle Stationen und alles Leid des Weges der Juden ins Gelobte Land auf; ist geschmückt mit Liedern, epischen Erklärungen der Dinge, die der Sederteller vereint; Psalme werden gesungen, Tischgebete und Segenssprüche abgehalten. Während das zweite Glas Wein getrunken wird, erhält jeder der Tischgäste von der oberen und unteren Matze, ißt von den bitteren Kräutern, die in das Charosset getaucht sind, ißt ein wenig vom Meerrettich, den der Hausherr schneidet und zusammen mit den letzten Matzestückchen an die Familie verteilt.

Dann wird der Sederteller hochgenommen, und der Tisch wird für die festliche Mahlzeit hergerichtet.

Nach dem Festmahl holt der Hausherr das zum Nachtisch zurückgelegte Stück Matze hervor (Aphikoman genannt), ißt davon und gibt jedem der Tischgäste ein Teilchen davon.

Das dritte Glas Wein wird eingeschenkt und Tischgebete folgen, bzw. die Lesung aus der Hagada setzt sich fort, mit Gesängen, an denen die ganze Tischgesellschaft teilhat.

Nach dem vierten Glas Wein spricht der Hausvater den Schlußsegen, der mit den gleichen Worten endet wie am Anfang: Und nächstes Jahr in Jerusalem. Ein Wunsch, der Freiheit und Friede für das Volk meint.

Zwei Lieder benennt die Hagada für den 2. Pessach-Abend, denn es setzt hier das Omerzählen ein. Damit ist die Periode zwischen Pessach und Schawuot gemeint, deren 49 Tage auf verschiedene Weise rituellem Gedenken gewidmet sind.

Das Zahlenlied

Es wird als Dialog gesungen. Ein Kind, das jüngste stellt die Frage und die Tischgemeinschaft antwortet im Chor:

Eins
Wer will es nennen?

Eins- das will ich nennen:
Eins - ist Gott der Herr allein,
Die ganze Schöpfung sein.

Zwei
Wer will es nennen?

Zwei - das will ich nennen:
Zwei sind die Bundestafeln,
Mit Gottesschrift geschrieben.
Eins - ist Gott der Herr allein,
Die ganze Schöpfung sein.

Drei
Wer will es nennen?

Drei - das will ich nennen:
Drei sind unsre Väter,
Die frommen Stammesväter.
Eins - ist Gott der Herr allein,
Die ganze Schöpfung sein.

Vier
Wer will es nennen?

Vier - das will ich nennen:
Vier, das sind unsre Mütter,
Die frommen Stammesmütter.
Eins - ist Gott der Herr allein,
Die ganze Schöpfung sein.

Fünf
Wer will es nennen?

Fünf - das will ich nennen:
Fünf sind die Bücher Moses,
Der heil'gen Thora Bücher
Eins - ist Gott der Herr allein,
Die ganze Schöpfung sein.

Sechs
Wer will es nennen?

Sechs - das will ich nennen:
Sechs sind der Mischna Bände,
Sechs sind des Talmuds Teile.
Eins - ist Gott der Herr allein,
Die ganze Schöpfung sein.

Sieben
Wer will es nennen?

Sieben - das will ich nennen:
Sieben, die Wochentage,
Der siebte: heil'ger Sabbat,

Eins - ist Gott der Herr allein,
Die ganze Schöpfung sein.

Acht
Wer will es nennen?

Acht - das will ich nennen:
Acht Tage alt, wird der Knabe
Geführt zum heilgen Bunde.
Eins - ist Gott der Herr allein,
Die ganze Schöpfung sein.

Neun
Wer will es nennen?

Neun - das will ich nennen:
Neun Trauertage führte
Herbei der Stämme Streit.
Eins - ist Gott der Herr allein,
Die ganze Schöpfung sein.

Zehn
Wer will es nennen?

Zehn - das will ich nennen:
Zehn sind die Sinaiworte,
Die heilgen zehn Gebote.
Eins - ist Gott der Herr allein,
Die ganze Schöpfung sein.

Das Lied vom Lämmchen

Ein Lämmchen, ein Lämmchen,
Es kaufte sich mein Vater,
Zwei Suße galt der Kauf,
Ein Lämmchen, ein Lämmchen.

Da kam voll Tück und Hader,
Die Katz und fraß es auf,
Das Lämmchen, das Lämmchen.

Ein Hund, den es verdrossen,
Daß floß unschuldig Blut,
Ums Lämmchen, ums Lämmchen,
Kam pfeilschnell hergeschossen,
Zerriß die Katz in Wut.
Ums Lämmchen, ums Lämmchen.

Ein Stock erschien beim Hunde,
Der lang ihm schon gedroht.
Ums Lämmchen, ums Lämmchen,
Er schlug zur selben Stunde
Den Hund, er schlug ihn tot.
Ums Lämmchen, ums Lämmchen.

Am glüh'nden Feuerherde
Der Stock den Rächer fand.
Ums Lämmchen, ums Lämmchen.
Die Flamme ihn verzehrte,
Und schnell war er verbrannt.
Ums Lämmchen, ums Lämmchen.

Da plötzlich strömt behende
Von unsichtbarer Hand,
Ums Lämmchen, ums Lämmchen,
Viel Wasser ohne Ende
Und löschte aus den Brand.
Ums Lämmchen, ums Lämmchen.

Ein durst'ger Ochse eilte
Zum Wasserbrunnen schnell.
Ums Lämmchen, ums Lämmchen.
Er trank daraus und weilte,
Bis trocken war der Quell.
Ums Lämmchen, ums Lämmchen.

Da ward der Ochs ergriffen
Vom Schlächter mit Gewalt.
Ums Lämmchen, ums Lämmchen.
Das Messer ward geschliffen,
Geschlachtet war er bald.
Ums Lämmchen, ums Lämmchen.

Dem Schlächter nahte leise
Der Tod als Rächer sich.
Ums Lämmchen, ums Lämmchen.
Er tat nach seiner Weise -
Der Schlächter drauf verblich.
Ums Lämmchen, ums Lämmchen.

Gott richtet Welt und Wesen,
Die Guten wie die Bösen.
Den Tod zieht er zur Rechenschaft,
Weil er den Menschen hingerafft,

Der hingeführt zur Schlächterbank
Den Ochsen, der das Wasser trank,
Das ausgelöscht den Feuerbrand,
In dem der Stock den Rächer fand,
Der Stock, der ohne Recht und Fug
Den Hund tot auf der Stelle schlug,
Der in der Wut die Katz zerriß,
Die das unschuld'ge Lämmchen biß,
Das Lämmchen meinem Vater war,
Er kauft es für zwei Suße bar,
Ein Lämmchen, ein Lämmchen. (28)

Ein *Pessach-Festmahl*, wie es Mara liebte, hatte diese
Zusammenstellung:
    Eiersuppe
    gefillter Fisch
    Meerrettich, rote Rüben

    Goldene Jojch
    Pessach-Knödel
    Gebratenes Huhn mit Matzefüllung
    Gefüllte Hälsel

    Karottenpudding
    Grüner Salat
    Kompott
    Biskuitkuchen
    Makronen und Tee mit Zitrone
    Letztes Dessert: ein Stück von der halben Matze vom
     Sederteller.

Mazojss un wein
mus sein -
schmalz un ejer
nit sejer.
(Matze und Wein müssen sein, Schmalz und Eier
nicht unbedingt.)

Rezepte für Pessach

Entscheidend für alle Pessachrezepte: Kein Mehl, sondern Matzemehl, Kartoffelmehl, Zwieback verwenden!

Apfel-Matze-Kugel

6 Matzen, 2 Eßl. Butter, 2 Eier, 1 geschälter und 1 in Würfel geschnittener Apfel, 1 Prise Salz, 1 Tl. Zucker, 1 Tl. Butter.

Die Matzen zerbröckeln und mit Wasser bedecken, gut ausdrücken, Apfel und Butter dazugeben, danach das Eigelb. Mit Salz, Pfeffer und Zucker würzen. Das Eiweiß zu Schnee schlagen und drunterziehen. In eine vorgewärmte und gut gefettete Form geben und bei mittlerer Hitze backen.

Charosset

Als Vorspeise nur zu Pessach und am Sedertisch.

100 g geriebene Nüsse, 100 g geriebene Mandeln, 2 geriebene Äpfel, 1 kleines Glas Wein, evtl. etwas Zimt.

Die Zutaten gut vermischen und soviel Wein dazugeben, daß eine streichfähige Masse entsteht.

Pessach-Knödel oder auch Matzeknödel genannt

Eine Suppeneinlage, traditionell zur Suppe am Sedermahl, am Vorabend zu Pessach.

3 Eier, 1 Eßl. Öl oder zerlassenes Hühnerfett, 1/2 Tasse kaltes Wasser, 1 Tasse Matzemehl und 1 Tl. Salz.

Die Eier verrühren, Fett; Wasser und Matzmehl unter ständigem Rühren beifügen, salzen. Den Teig ein Weilchen ruhen lassen. Mit nassen Händen Bällchen formen und sie nacheinander in kochendes Salzwasser legen. Wenn das Wasser kocht, sollten die Knödel noch 10 Minuten ziehen. Will man die Knödel luftig haben, sollte das Eiweiß der Eier steif geschlagen und unter die Knödelmasse gezogen werden.

Andere Beilagen für Pessach sind z. B. Kartoffel-Knaidlach, Mark-Knaidlach oder Leberbällchen.
    In jedem Falle sind es delikate Suppenbeilagen oder auch Beilagen zu Fleischspeisen.

Kartoffel-Knaidlach

2 Eier, 1 1/2 Tl. Salz, 2 Eßl. geriebene Zwiebeln, 1/4 Tasse Kartoffelmehl, 3 Eßl. Matzemehl, 4 Tassen geriebene und ausgedrückte rohe Kartoffeln.

Eier, Salz und geriebene Zwiebeln zu einer glatten Masse verrühren, dann das Matze- und das Kartoffelmehl hinzugeben und schließlich die geriebenen Kartoffeln. Den Teig gut durchkneten und mit feuchten Händen ca. 4 cm große Knödel formen und 20 Minuten in Salzwasser kochen.

Sie sind eine kompakte Beilage zu Fleisch.

Mark-Knaidlach für Pessach

2 - 3 Eßl. Mark, 1 Ei, 2 Tl. geriebene Zwiebeln, 1 Eßl. gehackte Petersilie, 1 Tl. Salz, 3/4 Tasse Matzemehl.

Das Mark schaumig rühren, das Ei hinzugeben und diese Mischung so lange schlagen, bis sie dicklich wird, dann folgen Salz, Petersilie und Zwiebeln, schließlich Matzemehl. Alles wird gut durchgeknetet und 1 Stunde im Kühlschrank kalt gestellt.

Mit feuchten Händen ca. 2 cm große Kugeln formen (die Masse sollte etwa 24 Knödelchen ergeben), die man in der Fleischbrühe etwa 15 Minuten mitkochen läßt.

Leberbällchen

3 feingehackte Zwiebeln, 2 Tl. ausgelassenes Hühnerfett, 250 g Hühnerleber, 1 Tl. Salz, 1 Messerspitze Pfeffer, 2 Eßl. Kartoffelmehl, 1 Eigelb und 1 steif geschlagenes Eiweiß.

Die Zwiebeln bräunen, die Leber fein hacken und beides durch den Fleischwolf drehen. Dann wird die Masse mit Eigelb und Kartoffelmehl vermischt und der Eischnee untergezogen. Diese Masse wird teelöffelweise in die kochende Suppe (oder Salzwasser) getan. Wenn die Bällchen an der Oberfläche erscheinen (so nach ca. 15 Minuten) sind sie gar.

Käse-Knaidlach für Pessach

Sie können ein Dessert sein oder eine Suppeneinlage, je nachdem, ob man sie süß oder salzig macht.

2 Tassen Quark, 2 geschlagene Eigelb, 1/2 Tl. Salz oder 2 Eßl. Zucker, 4 Eßl. Matzemehl, 3 Eßl. geschmolzene Butter, 2 steif geschlagene Eiweiß.

Den Quark durch ein Sieb schlagen, dazu das Eigelb, Matzemehl, Salz und die zerschmolzene Butter.

Sollen sie als Dessert gereicht werden, gibt man jetzt den Zucker dazu, anderenfalls als Einlage in eine „milchige Suppe" läßt man den Zucker weg. Den Eischnee unter die Masse ziehen und eine Stunde in den Kühlschrank kühlstellen. Mit feuchten Händen werden ca. 6 cm große Knödelchen geformt, die man in kochendem Salzwasser (oder salzlosem Wasser) ca. 20 Minuten kochen läßt.

Als Dessert serviert man sie mit Zucker, Zimt und saurer Sahne.

Schokoladentorte zu Pessach

7 Eier, 1/2 Tasse gemahlene Nüsse oder Mandeln, 1/4 Tasse Matzemehl (oder Matzebrösel oder Zwiebackbrö-

sel), 1 Tasse Zucker, 1 Prise Salz, 3 Eßl. Kakao, ein wenig kaltes Wasser, Saft von einer Orange, abgeriebene Schale einer unbehandelten Orange oder Zitrone.

Eigelb und Zucker zusammen schaumig und cremig rühren, den Kakao in Wasser oder in Orangensaft einrühren (ohne Klümpchen). Die geriebenen Nüsse (oder Mandeln) beifügen. Das Eiweiß steif schlagen (am besten mit einer Prise Salz). Den Eischaum unter die Tortenmasse ziehen.

In ungefetteter Springform ca. 45 Minten backen und im Ofen erkalten lassen.

Mandeltorte

300 g gemahlene Mandeln oder Walnüsse, 300 g Zukker, 10 Eier, 2 gehäufte Eßl. Matzebbrösel (oder auch Brösel von einem guten Zwieback), Saft und abgeriebene Schale einer unbehandelten Zitrone, 1 Prise Salz, evtl. etwas feste und aromatische Konfitüre, etwas Öl und weitere gemahlene Mandeln für die Backform.

Eigelb, Zucker, Saft und die Schale der Zitrone zueinandergeben und die Masse cremig schlagen. Dazu kommen nun die geriebenen Mandeln oder Walnüsse, zuletzt der Eischnee. Alles in eine gut gefettete Springform geben, da die Masse geht, nicht zu hoch einfüllen.

Möglich ist auch, nur 3/4 der Teigmasse zu nehmen und in diese Menge mit einer Messerspitze winzige Konfitüreflecken einzufüllen. Die Konfitüre muß sehr fest sein, sonst sinkt sie auf den Boden ab.

Im vorgeheizten Ofen etwa 40 bis 50 Minuten bakken oder nur so lange wie nötig, damit die aromatische Feuchtigkeit erhalten bleibt.

Die Torte ist in ihrer Konsistenz ziemlich anfällig, aber köstlich im Genuß.

Rosinenwein zu Pessach (und Sabbat)

An Pessach, zum Sederabend sollen Mann und Frau, ob jung oder alt, ob arm oder reich, je 4 Becher Wein trinken. So lautet die Regel.

Wenn man den Wein nicht kauft, kann man Rosinenwein auch selbst herstellen, doch das muß rechtzeitig begonnen werden, etwa vier Wochen vor Pessach, wenn der Wein dafür gedacht ist.

Rosinen und Wasser im Verhältnis 1:2 in einen großen Topf tun, ihn zudecken und an einen warmen Ort stellen. Nach 3 bis 4 Tagen bildet sich ein Schaum, der abgenommen werden soll. In die vorbereiteten Weinflaschen werden etwas Zitronenschale und etwas Zimt getan, dazu wird der Wein eingefüllt. Die Flaschen werden verschlossen und stehen am kühlen Ort etwa acht Tage. Jedenfalls so lange, bis er kräftig schmeckt. Die Rosinen werden dann weggeworfen und der Wein in reinen Flaschen gehalten.

Schawuot

Mit dem 2. Pessachabend beginnt das Zählen der Tage, Omer-Zählen genannt.

Volle sieben Wochen werden die Tage gezählt (49 Tage), der 50. Tag ist Schawuot. Im wörtlichen Sinne: das Wochenfest, weil ihm das siebenwöchentliche Zählen vorausgeht.

Das Zählen verbindet Pessach mit dem Fest zu Schawuot, und es erinnert daran, daß Gott dem Volke Israels, sieben Wochen nach dem Auszug aus Ägypten, am Fuße des Berges Sinai in der Wüste der Halbinsel Sinai, die Zehn Gebote gab.

Sie stellen die Grundlage der Thora dar, die insgesamt 613 Ge- und Verbote enthält.

Am Berg Sinai bestätigten die Juden ihren Bund mit Gott und erklärten: „Wir werden tun und hören!"

So gesehen verbindet das Zählen der Tage nicht nur zwei Feste miteinander, sondern pflegt eine Philosophie, die da betont, daß nicht allein die Entlassung aus der Knechtschaft und die politische Freiheit genügen, solange nicht Pflichten und Disziplin damit einhergehen.

Das Zählen setzt an dem Tag ein, da ein bestimmtes

Maß (Omer) der Erstlingsfrucht (Gerste) geerntet und als Opfer zum Tempel gebracht wurde, das fand am 2. Tag statt, am 2. Pessachabend.

Schawuot ist ein Fest, vergleichbar dem Sabbat, aber Kochen und Backen ist erlaubt. Ähnlich wie beim Erntedankfest ist Blumenschmuck Brauch.

Im strengen Sinne des Festes sollen an diesen Tagen milchige Speisen gegessen werden. Vegetarisches ist gemeint, wenn auch nicht unbedingt fleischlos.

Vielfach wird darin eine Übereinstimmung mit der Thora gesehen, in der geschrieben steht: „... daß die Erstlingsfrüchte deines Landes du in das Haus Gottes, deines Gottes bringen" und „das Lamm nicht in der Milch seiner Mutter" kochen sollst.

So ist es für viele Gläubige Sitte geworden, an Schawuot (Sch'wuot) milchig, also fleischlos zu essen, wenn man die Regel im strengen Sinne der Thora befolgen will.

Es ist ein heiteres Fest mit geschmückten Tischen und gutem Essen, zwei Tage im Juni sind dafür festgelegt, die je nach Kalenderberechnung ihr Datum finden.

Am 1. Tag wird des Todes von König David gedacht und am 2. Tag an den Wunderrabbi Ba'al Schem Tow (auch: Israel ben Elieser), dem Begründer des Chassidismus in Europa.

Spezialitäten zu Schawuot sind:

Quarkknödel, Käseblintzen, Kreplach mit Käse, Kochkäse, saurer Rahm, Käsestrudel mit Rosinen und Zimt.

Quarkknödel

500 g Schnitt- oder Krümelquark (keinen cremigen Quark verwenden), 7 gehäufte Eßl. grober Weizengries, 1 Prise Salz (nach Belieben).
Zum Überschmelzen: in Butter geröstete Semmelbrösel oder geschmolzene Butter oder dicker Sauerrahm.
Zum Bestreuen: Zucker und evtl. Zimt.

Die zerquirlten Eier werden mit dem Quark gut vermengt, dazu den Gries gut verkneten und diese Masse 1 bis 2 Stunden gut zugedeckt stehen lassen, damit der Gries nicht verkrustet und gut ausquillt.

Mit feuchten Händen 4 bis 6 cm große Kugeln formen und die in siedendes Salzwasser 8 bis 10 Minuten geben, bis die Knödel an der Oberfläche auftauchen. Die anfangs noch glatten, dann allerdings leicht narbigen Kugeln werden in eine vorgewärmte Schüssel gelegt, um sie dann nach Belieben zu verfeinern.

Man kann die Knödel mit zerlassener Butter beträufeln oder in Semmelbröseln wälzen, die in Butter geröstet sind, oder auch mit dickem Sauerrahm bedecken. Salzig sind sie genießbar, aber auch gezuckert und mit Zimt bestreut.

Die Zutaten können verändert werden, wenn man die Konsistenz der Knödel stabil haben will. Dann ist es gut, den Gries mit Semmelbrösel zu vermengen oder überhaupt den Gries gegen Semmelbrösel auszutauschen.

Auch die Gewürze sind variabel, abgeriebene Zitronenschale, Muskat oder Ingwer sind denkbar und wohlschmeckend.

Das Jüdische Jahr vermerkt hohe Festtage, andere Festtage, geringere Festtage, Fastenperioden und Pilgerfeste.

Ihre Einhaltung und der wöchentliche Sabbat sind ein festes Band des Zusammenhalts, und die Autoren jüdischer Literatur betonen oft, daß es vielfach eben die Pflege dieser Traditionen war, die dem jüdischen Volk auf der Welt sein Wesen und seine Kraft erhalten haben.

Ein anderes und nicht weniger bedeutsames Kraftpotential mögen die Familienfeste und Familienriten sein, die trotz der Verzweigtheit des jüdischen Volkes für seinen Charakter, seine Eigenart prägend sind.

Fromme jüdische Familien sahen sich eins mit der ganzen jüdischen Gemeinde. Das mag sich heute anders gestalten, in Europa zumindest, da die Vereinzelung auch vor dem traditionell Gebundenen nicht Halt macht. Aber die Familienfeste, die wichtigsten jedenfalls, so sie in der Tradition stehen und die Familie dazu gegenwärtig ist, haben bis heute ihren Wert, ihre Gültigkeit nicht verloren. Wenn sich auch, besonders für die Jüngeren, nicht mehr der tiefe biblische Sinn erhalten haben mag, so doch die zarten Reflexe, die den religiösen Zäsuren ihre Schuldigkeit erweisen.

Die Erinnerungen des jüdischen Theaterkritikers Arthur Eloesser, der seine Kindheit in der Prenzlauer Straße in Berlin verbrachte und seine Erinnerungen daran 1934 in der „Jüdischen Rundschau" veröffentlichte, zeugen davon:

„Daß wir Juden waren, daß wir uns sowohl von dem unvergleichlichen Hauswirt, wie von unseren Freundden, den Söhnen des Kutschers oder Schneiders unterschieden, wurde mir, da es in der Vorschule für keine Konfession einen Religionsunterricht gab, erst durch unsere Feiertage bewußt, die kurz hintereinander in den schönen und meist noch sommerlichen Frühherbst fielen. Meine Eltern hielten das Neujahrsfest und das Versöhnungsfest ab, allerdings ohne zu fasten, wie sie auch, gleich allen Verwandten, keinen rituellen Haushalt mehr hielten; sie gingen in die Synagoge mit ihren Gebetbüchern, deren Deckel merkwürdige Schriftzeichen in alter Vergoldung trugen; sie dachten nicht daran, uns mitzunehmen oder uns durch die Bar Mizwah in die alte Gemeinschaft aufnehmen zu lassen. Die geheime Meinung war ungefähr: Uns ist es noch ein Bedürfnis, das mitzumachen, ihr könnt euch in immerfortschreitendere Zeiten einrichten, wie ihr wollt.

Unsere Teilnahme an den beiden großen Festtagen, abgesehen von dem erwünschten Ausfall der Schule, bestand darin, daß wir herrlich zu essen bekamen und einen Berg von höchst gewähltem Obst mit sonst ungewohnter Freiheit abtragen durften. Daß mitten im bürgerlichen Kalenderjahr noch ein anderes Jahr sozusagen mit einer anderen Dienstnummer anfing, fanden wir recht unverständlich, und noch mehr, worüber wir uns versöhnen sollten, da wir ein recht friedliches, sauberes, zwischen Disziplin und Freiheit wohl abgewogenes Familienleben führten.

Es gab also für die Familie die drei Feiertage im Jahr, durch die wir uns von unserer Umgebung unterschieden, dann aber wieder ein Ausgleich zu Weihnachten, das nach hoffnungsvoller Abfassung der Wunschzettel die große Bescherung brachte. Meine Eltern hatten das in ihrer ostpreußischen oder pommerschen Heimat wahrscheinlich nicht gehalten, aber es hatte sich von selbst so gemacht, wenn die Köchin, das Hausmädchen und später das *Fräulein* der Schwestern, dann die Waschfrau beschenkt wurden und vor allem der treue Hausdiener, der, obgleich im Lesen und Schreiben sehr unsicher, uns, und das gar nicht schlecht, miterzogen hat. Eine letzte Zurückhaltung schien mir, bis wir Kinder die Sache selbst in die Hand nahmen, nur dadurch angedeutet, daß der große Gabentisch keinen Weihnachtsbaum trug. Der war durch eine lichterreiche Krone aus Tannengrün ersetzt, die von der Gasampel herabhing, und damit fühlten sich meine Eltern vielleicht zur Überlieferung des Chanukkafestes zurückgeführt.

Als wir den dreizehnjährigen Sohn des benachbarten, aber mit dem unseren nicht zu vergleichenden Hausbesitzers kennenlernten, zog er uns Kinder wie auch die Söhne des Kutschers auf den väterlichen Hof, wo eine Hütte gezimmert, mit Tannenzweigen umwunden und innen mit uns fremden Sträußen südlichen Aussehens geschmückt wurde.

Als sie endlich fertig war, wurden wir mit reichlichen Näschereien aufgenommen, und, was noch feiner war, mit süßem Wein: Wir wurden Stammgäste in der Sukkah und versprachen sehr bereitwillig, das nächste Jahr wiederzukommen. Als ich meinen Vater nach der Bedeutung dieser sehr angenehmen, aber, wie mir schien, etwas spielerischen Einrichtung fragte, nannte er das *Zuckes* oder Laubhüttenfest, aber seinen Sinn vermochte er mir nicht recht nahezubringen. Zu Hause in Ostpreußen hätten sie das auch schon nicht mehr gehabt.

Dieses *Auch schon nicht mehr,* obgleich meine Eltern durchaus Juden sein wollten, möchte ich als charakteristisch für die Zeit meines Aufwachsens bezeichnen; ich mußte dieses Wort als Bestätigung eines Fortschritts verstehen, der aber gefühlsmäßig keinen Verlust hinter sich zu lassen schien ...

Trotz diesem Mangel an religiöser Überlieferung - das Familienleben war im guten alten Sinne jüdisch, es bewährte sich in der Sorgfalt der Erziehung, für die bei sonstiger Sparsamkeit kein Opfer zu hoch war, in der selbstverständlichen Autorität der Eltern, die jeden offenen Widerspruch als undenkbar ausschloß, in ihrem glücklicherweise unsentimentalen aber doch seelisch nahen Verkehr mit den Kindern, in der Hilfsbereitschaft für die weitere Familie, wenn es auch bei zu naher Wiederholung der Ansuchen einige Seufzer kostete." (29)

Zum guten jüdischen Familienleben, gehörte ein gutes Essen, das lange und ausgiebig zelebriert wurde, sozusagen eine Familienversammlung im besten (und kulinarischen) Sinne, die auch Über- und Untertreibungen zuließ, wenn die Küchenregeln nicht prinzipiell durchbrochen wurden und die Verhältnisse es zuließen.

Mara weiß unterhaltsame Geschichten aus dem Bekanntenkreis ihrer Eltern zu erzählen.

Einen Mann gab's, den alle den alten Tscherkinski nannten. Ein frommer Jude im schwarzen Kaftan, mit Bart und Schläfenlocken, ein orthodoxer Esser und ein genialer Geschichtenerzähler und deshalb ein überaus gern gesehener Gast, dem man überhaupt keine Küche zu machen brauchte.

Er brachte sich stets sein Essen mit. Das bestand aus hart gekochten Eiern, die er aus der Schale aß und Fisch in Dosen, den er aus der Dose aß.

Er traute keiner Küche und keiner Köchin, und Mara schwor, daß seine Frau, die rotblonde Molly daran Schuld hatte. Denn sie aß für ihr Leben gern geräucherten Schinken, und den heimlich und gleich aus dem Papier. Nur ein paar Scheibchen und ganz schnell, das sah nicht der liebe Herrgott und auch nicht der alte Tscherkinski.

„Beide sahen es", sagt Mara lächelnd, „beide, und deswegen aß der Mann nirgendwo anders, wo er sich nicht sein Essen allein zubereiten konnte. Denn zu Hause ließ er keinen in die Küche."

Ein ähnlicher Gast, war auch Onkel Jula. Aus Riga stammte er und aß eigentlich nur zwei Gerichte, seit er in der Lage war, sein Essen allein zu bestimmen. Einen Tag aß er Kalbskotelett mit Kartoffeln und als Dessert Apfelmus. Den anderen Tag aß er Reis mit Hühnerfleisch und als Dessert Sauerkirschen. Allenfalls das Dessert war austauschbar gegen Preiselbeeren oder rote Beete.

„Wenn man also Onkel Jula einlud (oder er sich einlud) blieb er für gewöhnlich eine Woche, von Sabbat zu Sabbat, dann wußten wir alle, was es in dieser Zeit zu Mittag geben würde.

Aber das war ein nur geringer Verlust, denn die Geschichten und die Witze, die Onkel Jula zu erzählen wußte, die Späße, die er mit uns Kindern machte und seine Geschenke, die haben uns versöhnt."

In Maras Erinnerungen füllen die Erzählungen der beiden Männer ganze Tage: Die Mittagessen gingen über ins nachmittägliche Kaffeetrinken und wurden unversehens zum Abendessen. Aber das machte einen Großteil der Zusammengehörigkeit aus und gab Halt in den Zeiten, da die Erde ihnen zu wenig Heimat bot.

Dazu gehörten auch die rituellen Anlässe, zu denen sich die Familie traf und deren Wurzeln tiefen Sinn enthielten, wenngleich hier Gewohnheit oder Tradition nicht mehr danach fragen lassen.

Die Namensgebung

Ein Junge erhält seinen Namen während der Beschneidungszeremonie (Berit Mila); ein Mädchen in der Synagoge, in der Woche nach seiner Geburt, wenn der Vater zur Thora gerufen wird und er ein Gebet für das Wohl von Mutter und Kind verrichten läßt oder aber wenn die Mutter nach der Entbindung in die Synagoge kommen kann.

Die Namensgebung ist unterschiedlich, möglich sind zwei Namen, ein hebräischer und ein nichtjüdischer. Der hebräische Name bildet außerhalb Israels eine Identifizierung mit dem jüdischen Volk oder dem Judentum schlechthin. Er wird ebenfalls für religiöse Zwecke, legale Dokumente und Gebete benutzt.

Die Geburt eines Kindes wird der Gemeinde mitgeteilt und auch dort geehrt.

„Eine meiner Schwestern", erzählt Mara, „Mirjam hatte, wie alle Mädchen, ihren Namen in der Synagoge erhalten und später die biblische Legende dazu erfahren. Danach hat sie schwer an dem Namen getragen, wollte sich mit dieser Gestalt nicht identifizieren. Die Bibel erzählt von Mirjam, der Prophetin, der Schwester des Aaron, die ein tollkühnes und schönes Mädchen gewesen ist. In der Bibel steht: Und Mirjam, die Prophetin, Aarons Schwester, nahm eine Pauke in ihre Hand; und alle Weiber folgten ihr nach, hinaus mit Pauken am Reigen. Und Mirjam sang ihnen vor: ‚Lasset uns den Herren singen; denn er hat eine herrliche That getan: Mann und Roß hat er ins Meer gestürzt.'" (30) Damit sind die ertrunkenen Ägypter gemeint.

Die wundersame Durchquerung des Roten Meeres hatte meiner Schwester Mirjam immer sehr gefallen und noch mehr die solidarische, freie Haltung der Frauen, die da ihr Wort hören ließen.

Aber die Geschichte der Mirjam nahm kein gutes Ende: Denn zusammen mit Aaron kritisierte Mirjam Mose für seine Führungsqualität und wegen seiner Mischehe mit einer Äthiopierin.

Diese Intoleranz wurde vom Herrn bestraft mit ‚Aussatz wie Schnee' und siebentägiger Verdammung aus dem Lager. Mirjam starb in Kaddesch, in der Wüste Zin und erlebte den Einzug ins verheißene Land nicht mehr.

Meine Schwester mochte diesen Teil der Legende von Mirjam nicht. Selbst mein Trost, daß mein Name Mara (die Bittere) der Name jenes Ortes war, der den Juden auf dem Weg durch die Wüste nur bitteres Wasser bot und daher Mara hieß, war für sie kein Äquivalent.

Dazu kam, daß Mirjam verliebt war in einen Nichtjuden, in einen Goj, einen ‚aus einem fremden Stamm' wie mein Vater immer höhnisch sagte. Aber er konnte daran nicht viel ändern. Er mußte es hinnehmen, daß Mirjam sich als erwachsene Frau einen anderen Namen gab und noch dazu einen Mann heiratete, der nicht vom Stamme Israels war. Aber sie blieb in ihrer Namenswahl dem jüdischen Volk treu, das war Vaters einziger Trost. Sie nannte sich Milka. Milka war die Tochter Ha-rans, des Bruders Abrahams, und sie war die Großmutter Rebekkas. Das hat ihr gleich sehr gefallen, die Großmutter einer Rebekka zu sein, die einstmals die Frau Isaaks und Tochter Abrahams war. So war sie mit ihrer Herkunft wieder eins.

Da wußte sie noch nicht, daß ihr die Zeiten, die Gesellschaft, in der wir lebten, die Faschisten noch einen dritten Namen geben würden: Sarah. Alle Jüdinnen erhielten für den Paß, den sie sich ausstellen lassen mußten, den Zweitnamen Sarah, sozusagen der ‚gelbe Stern im Ausweis‘, der uns stempelte, namenlos machte und uns später nach unseren Wurzeln fragen ließ.‘‘

„Suche nach Herkunft‘‘ nennt auch Walter Kaufmann sein Kindheitstrauma:

„Ich liebte Hilde, unsere Hausgehilfin, doch einmal, da war ich acht, geriet ich so sehr mit ihr in Streit, daß sie rief: ‚Nun aber genug! Du hast mir gar nichts zu sagen - Adoptivkind, du!‘

Ich verstummte. Etwas Unheimliches lag in dem Wort, dessen Bedeutung ich nicht verstand. Ich bedrängte meine Eltern, die sich aber auf nichts weiter einließen, als ‚Später, Junge, wenn du älter bist‘. Das stimmte mich nachdenklich, noch nachdenklicher stimmte mich, daß die Mutter mit Hilde lange Zeit zürnte.

Es dauerte, bis die Sache in mir abklang. Verdrängen ließ sie sich nicht. Einmal vernommen, wirkte das Wort Adoptivkind in mir nach, und als ich, sieben Jahre waren inzwischen vergangen, mit einer Gruppe jüdischer Kinder den Nazis entkommen konnte, sagte ich noch beim Abschied auf dem Bahnsteig zur Mutter: ,Brauchst nicht traurig sein - ich bin doch gar nicht dein Kind!'

Sie wird diese Bemerkung bis zu ihrem tragischen Ende in Ausschwitz nicht verwunden haben - dabei wollte ich doch nur, daß sie mir das Gegenteil beteuerte. Inzwischen aber weiß ich, daß sie das nicht konnte. Urkunden, die nach meiner Rückkehr aus Australien an mich gelangten, bestätigten, daß ich knapp vier Jahre nach meiner Geburt in Berlin von einem Ehepaar in Duisburg adoptiert worden war.

,Ein Junge mit *dem* Namen hier in der Mulackstraße? Nicht, daß ich wüßte!'

Der kleine Mann mit der Schiebermütze und Lederjacke, der sich als Alfons Hinze vorgestellt hatte, Angestellter einer Zoohandlung am Alexanderplatz, beäugte mich mißtrauisch. ,Dabei hab ich mein Leben lang hier gewohnt.'

Nicht lange genug, sagte ich mir. Er war noch nicht einmal geboren, damals. Trotzdem führte ich ihn zu dem Haus, dessen Nummer in der Urkunde vermerkt war - eine jener vielen Kriegsruinen, die es Mitte der Fünfziger noch in Berlin gab. Nur der Keller schien noch bewohnbar zu sein. Rötliches Licht schimmerte schwach durch den Vorhang des dicht über dem Bürgersteig liegenden Fensters.

,Muß wohl vor meiner Zeit gewesen sein', sagte Hinze. ,Die da wohnt, wohnt da schon ewig - und kennt auch jeden. Fragen wir sie doch.'

Schon wollte er an die Scheibe klopfen, da besann er sich.

‚Ist zwar nicht mehr die Jüngste, schafft aber noch immer an. Besser ist wir warten.'

Nieselregen fiel. Mich fröstelte in der kalten Novembernacht und dem viel zu leichten australischen Mantel. Ich zog die Schultern ein, schlug den Kragen hoch, schob die Hände in die Taschen.

‚Gehen wir eine Weile in die Mulackritze', schlug Hinze vor. ‚Dort kommt sie immer mal hin - bestimmt auch heute.'

Wir waren erst beim zweiten Bier, als eine vollbusige Frau, die trotz ihres schlohweißen Haars kaum älter als fünzig wirkte, die Kneipe betrat und an einem Ecktisch Platz nahm, an dem schon ein vierschrötiger Mann saß, den sie offensichtlich kannte.

Reichlich aufgetragene Schminke gab ihrem Gesicht eine unnatürliche Röte, Ringe glitzerten an sämtlichen Fingern ihrer Hände, und als sie den Mantel hinter sich auf die Bank gleiten ließ, war es, als zöge sie sich aus. Die durchsichtige Bluse, auf der Perlenketten glänzten, enthüllte die fleischigen Arme und die Wölbung des Busens.

‚Wär richtig nett, wenn Sie mal herkämen', bat Hinze höflich. Mit einem kurzen Seitenblick holte er mein Einverständnis ein und wandte sich an den Wirt. ‚Eine Lage für drei!'

Mit ein paar Worten besänftigte die Frau den Mann an ihrem Tisch und setzte sich dann zu uns. Sie musterte mich.

‚Auf Ihr Wohl!' sagte Hinze.

‚Das war's wohl?' fragte die Frau. Sie wartete.

Hinze aber wirkte plötzlich befangen. ‚Das ist sie', sagte er zu mir. ‚Erklären Sie's ihr selbst.'

Ich nickte und ging dann die Sache behutsam an. Vor dreißig Jahren, sagte ich ihr, habe in ihrem Haus mal ein Kind gelebt, nach dem ich jetzt suche.

‚Wie soll das geheißen haben?' fragte sie.

Als ich nicht gleich antwortete, trank sie ihr Glas leer und stand auf.

‚Jetzt oder nie!' sagte Hinze zu mir.

‚Richtig', sagte die Frau.

‚In der Adoptionsurkunde steht der Namen Schmeidler - Jizchak Schmeidler', erklärte ich ihr.

Die Frau setzte sich wieder. Es war, als könnte sie stehend nicht ertragen, was sie da gehörte hatte. Einen Augenblick schwieg sie, dann fragte sie: ‚Sind das etwa Sie?'

Ich nickte. Da breitete sie impulsiv die Arme aus und preßte mich an sich. ‚Mein Jizchak!'

Der Geruch ihres Körpers, vermischt mit dem süßlichen Parfüm, machte, daß ich mich augenblicklich von ihr befreite. Ich sah sie an, und dabei durchfuhr es mich: Könnte das deine Mutter sein?

Als hätte ich sie befragt, hob sie abwehrend die Hände.

‚Rachelas kleiner Jizchak!'

Also doch - ihre Worte bestätigten die Adoptionsurkunde: Eine Rachela Schmeidler hatte mich zur Welt gebracht, die um Jahre jünger gewesen sein mußte als die Frau da vor mir, siebzehnjährig zur Zeit meiner Geburt und ledig, eine Verkäuferin bei Tietz. Womöglich hatte sie sich damals der älteren Frau anvertraut. Als ich der Frau das sagte, wurde ihr Ausdruck mütterlich.

‚Ohne mich wäre Rachela nie zurechtgekommen',

sagte sie. ‚Ein Balg am Hals, dazu die Stellung bei Tietz und sie ganz allein in der Fremde. Eine Jüdin aus Polen. Klar hat sie mich gebraucht!'

‚Und der Vater des Kindes, wo war der?'

‚Männer', sagte sie verächtlich. ‚Die Männer!'

‚Könnte es sein, daß es mein wirklicher Vater war, der mich später adoptierte?'

‚Was weiß ich', sagte sie unwirsch. ‚Die Pest hab ich ihm gewünscht, weil er uns den Jizchak genommen hat - dich weggenommen. Fast vier Jahre warst du bei uns. Und dann auf einmal weg. Das war auch für mich schlimm, nicht bloß für Rachela.'

Sie schwieg lange.

‚Kannst mich ruhig Herta nennen', bot sie an. ‚Herta Nowack. Bist schließlich der Jizchak. Unser Jizchak!'

Es war, als könnte sie es immer noch nicht fassen.

‚So heiße ich längst nicht mehr.'

‚Aber damals', rief sie, ‚als du bei mir in Verwahrung warst, da hast du so geheißen!'

Erinnerung - mein Gott, ganz vage und verschwommen sah ich mich in einer Kellerwohnung auf der Fensterbank mit Geranien, sah Füße, die draußen auf dem Bürgersteig an mir vorbeigingen.

‚Und was ist aus meiner Mutter geworden?'

‚Sie war schön', rief die Frau, ‚Rachela war schön - dunkle Augen, dunkles Haar. Sie war schön!'

Schärfer wiederholte ich meine Frage: ‚Was wurde aus ihr?

‚Oh.' Die Frau blickte verstört von mir weg. ‚Es ist ihr nichts passiert - gar nichts!'

‚Nichts passiert', hörte ich da plötzlich den Mann vom Ecktisch rufen. ‚Was redest du da, Herta!'

‚Ich vertrage die Wahrheit‘, versicherte ich der Frau. ‚Sagen Sie ruhig die Wahrheit.‘

‚Wir haben Rachela retten können‘, beteuerte sie.

Da hielt es den Mann am Ecktisch nicht länger. Er schob seinen Stuhl zurück, kam mit schweren Schritten auf mich zu und reichte mir die Hand.

‚Du bist der Jizchak‘, sagte er, ‚aber ich bin der, der immer die Prügel gekriegt hat, weil ich aussah wie ein Jud.‘

Ich sah ihn an - krauses Haar, dunkle Augen, gebogene Nase. So sehr ich auch nachsann, er blieb mir fremd.

‚Sie kannten mich und meine Mutter?‘

‚Aber ja‘, sagte er. ‚Und was die Herta da erzählt, ist gesponnen. Wolltest doch die Wahrheit hören - oder?‘ Er wandte sich an die Frau. ‚Große Hamburger‘, sagte er. ‚So war’s doch, Herta! Also, warum sagst du’s ihm nicht?‘

‚Nein!‘ schrie die Frau.

‚Vom jüdischen Friedhof gingen doch die Transporte ab‘, meldete sich Hinze. ‚Von dort hat man doch die Juden ...‘

‚Hab’s begriffen‘, unterbrach ich ihn dumpf und dachte an meine verschollenen Eltern.

‚Woran denkst du?‘ fragte mich leise die Frau.

‚Zwei Mütter‘, sagte ich. ‚Ermordet beide.‘

‚Mein Gott‘, rief sie aus, und als sie weitersprach, war es wie ein Echo auf meine Gedanken: ‚Was waren das bloß für Zeiten!‘“ (31)

Jakob bekam, wie alle jüdischen Jungen, seinen Namen am achten Tag nach seiner Geburt.

Ein Fest wird gefeiert, die Familie versammelt sich um den Tisch, denn am achten Tag nach der Geburt erfolgt auch die Beschneidung des männlichen Säuglings, das ist ein ehernes Gesetz und verspricht den ewigen Bund zwischen Gott und Israel.

Im jüdischen Sinne - da mögen auch hygienische Gründe eine Rolle gespielt haben - ist die Beschneidung das sichtbare Bekenntnis zu Gott und Israel.

Abarahm beschnitt sich im Alter von neunundneunzig Jahren und seinen Sohn Isaak am vom Gott angeordneten achten Tag nach seiner Geburt.

Die Beschneidung m u ß am achten Tag durchgeführt werden, selbst ein Sabbat oder ein Jom Kippur werden dadurch außer Kraft gesetzt. Sie findet immer morgens statt und erfordert einen dafür qualifizierten Mann, den man Mohel nennt. Er soll ein gesetzestreuer, gottesfürchtiger Jude sein, der auf's beste in der Durchführung der Berit Mila, der Beschneidung, ausgebildet ist. Das heißt, er muß die Gesetze der Thora kennen und ebenso Kenntnisse in der modernen Chirurgie und Hygiene haben.

Die orthodoxen Juden lehnen einen Arzt oder einen Chirurgen ab, weil er, wie sie meinen, zwar den medizinischen Vorgang beherrscht, den Bund der Beschneidung, den zu Gott, aber nicht realisieren kann. In der Regel aber vollzog ein Mediziner den Vorgang.

Nur bei einem kranken oder schwachen Säugling wird die Berit Mila ausgesetzt. Da kennt das Gesetz Vorsicht und Verschiebung.

Während der Beschneidung werden zwei Segenssprüche gesagt.

Der Mohel sagt: Gelobt seist Du, Ewiger, unser Gott,

König der Welt, der Du uns durch Deine Gebote geheiligt und uns die Beschneidung befohlen hast.

Der Vater des Kindes sagt: Gelobt seist Du, Ewiger, unser Gott, unser König der Welt, der Du uns durch Deine Gebote geheiligt und uns befohlen hast, unsere Kinder in den Bund Abrahams aufzunehmen.

Die anwesenden Gäste sagen: Amen und folgenden Wunsch:

Wie er in den Bund eingeführt worden, so möge er zum Thorastudium, in die Ehe und in die Ausübung guter Werke gelangen.

Der Brauch früherer Jahrhunderte, z. B. des 18. Jahrhunderts, brachte einen besonders originellen Stuhl hervor: den Stuhl Elias, „Kisse Elijahn". Gewissermaßen eine zweigeteilte Sitzbank, die zwei nebeneinander gestellten Sesseln ähnelt.

1734 schrieb Paul Christian Kirchner: „Dies wird Kisse Elijahn, der Stuhl des Elias genannt, und es genügt nicht, ihn einfach hinzustellen. Man muß ganz deutlich die Worte ‚Das ist der Stuhl des Elias' sprechen, weil der Elias - der nicht ausdrücklich eingeladen wurde - sonst nicht erscheint.

Der Stuhl bleibt drei Tage auf seinem Platz stehen, damit sich der Prophet nach seiner langen Reise ausruhen kann." (32)

Der zweite Sitz war für den Paten bestimmt, den Sandak, der das Kind während der Zeremonie hielt.

Der Mohel, der Beschneider, führte ein Buch in dem nicht nur die erforderlichen Beschneidungsgebete enthalten waren, sondern auch die Namen, der von ihm beschnittenen Knaben mit Datum und Ortsangabe.

Diese Bücher waren vielfach kleine Kunstwerke, mit naiven Zeichnungen versehen, die zumeist mit Wasserfarben hergestellt waren und die Vorgänge darstellten.

Ein Mohel-Buch von 1741 in Altona, Hamburg und Wandsbeck geschrieben, war im Besitz mehrerer Mohelins und wurde bis 1783 benutzt. In ihm sind Beschneidungen in weit voneinander entfernten Städten wie Prag, Hamburg, Königsberg, Posen festgehalten.

Ein Brauch, der vornehmlich in deutschsprachigen Gegenden herrschte, war die Verwendung eines Wimpels, einer Schmuckbinde. Das ist ein langes Wickeltuch, worauf ein Gebet gestickt oder gemalt war.

Nach Beendigung der Berit Mila wurde der Knabe in einen solchen Wimpel gewickelt, der später der Synagoge zum Geschenk gemacht wurde. Wurde der Junge dreizehn und hatte Bar Mizwa, verwendete man gern den Wimpel als Einband für die Thora, aus der der Dreizehnjährige vorlesen durfte.

Bis ins 20. Jahrhundert verband sich - besonders für deutsche Juden - die Berit Mila, mit einer anderen Namensgebung für das Kind, sie nannte sich Hollekreisch.

Die Wortbedeutung verlor sich etwa im 14. Jahrhundert, aber der Brauch blieb, besonders im südlichen Deutschland.

Holle - so nannte sich die heidnische Göttin, die die Kinder zur Welt brachte. Mit Kreisch war sicher das Rufen der Kinder gemeint, die die Wiege während jenes heiteren Festes dreimal hochhoben und dazu riefen: Hollekreisch, wie soll das Kindchen heißen! Dann erhielt das Kind seinen weltlichen Namen, den für das alltägliche Leben.

Elias Canetti erinnert sich in seiner Autobiographie des familiären Ereignisses auf sehr sensible Weise:

„Das nächste, was ich vor mir sehe, ist das Fest der Beschneidung. Es kamen viel mehr Leute ins Haus. Ich durfte bei der Beschneidung zusehen. Ich habe den Eindruck, daß man mich absichtlich zuzog, alle Türen waren offen, auch die Haustüre, im großen Wohnzimmer stand ein langer gedeckter Tisch für die Gäste, und in einem anderen Zimmer, das dem Schlafzimmer gegenüberlag, ging die Beschneidung vor sich.

Es waren nur Männer dabei, die alle standen. Der winzige Bruder wurde über eine Schüssel gehalten, ich sah das Messer, und besonders sah ich viel Blut, wie es in die Schüssel träufelte.

Der Bruder wurde nach dem Vater der Mutter Nissim genannt, und man erklärte mir, daß ich der Älteste sei und darum nach meinem väterlichen Großvater heiße.

Die Stellung des ältesten Sohnes wurde so herausgestrichen, daß ich vom Augenblick dieser Beschneidung an ihrer bewußt blieb und den Stolz darauf nie mehr los wurde." (33)

Das Familienfest danach holt den ganzen Familienkreis zusammen.

Lebkuchen, kleine Vorspeisen, Branntwein und Wein werden gereicht. Es kann auch ein üppigeres Essen sein im Stile eines Sabbat-Abendessens.

Mara hatte für ihre beiden Söhne, Jakob und Josef, ein Essen „entworfen", das, wie sie betonte, jedes Mal ihre Küchenkasse bis auf den Grund leerte, das aber der Tatsache gerecht zu werden suchte, einen Sohn auf die Welt gebracht zu haben.

Es bestand aus Fischvorspeisen, mehreren Suppen, Piroggen mit verschiedenartigen Füllungen und unterschiedlich hergestellt; Käse-Blintzen, Rosinenwein, kleine Fluden und Zwiebelteig-Plätzchen. Es bedachte dazu die Vorlieben mehrerer Familienmitglieder und es sollte ihre Kochkunst ehren. Sie hatte also an vieles gedacht.

Fischvorspeisen:

Orientalisch-scharfer Fisch

1 kg Kochfisch, 2 Eßl. Öl, 4 zerdrückte Knoblauchzehen, Salz, Pfeffer, Paprikapulver, 2 Dosen Tomatenpüree, Saft von einer Zitrone, 2 - 3 Eßl. Wasser.

Das Öl erhitzen, bis auf den Fisch alle Zutaten hineingeben und aufkochen lassen, dann den Fisch einlegen und 1/2 Stunde in dem heißen Sud ziehen lassen. Das kann heiß oder auch kalt gegessen werden, am besten zu Brot.

Marinierter Hering

4 - 6 Heringe (milchern), 1 in Scheiben geschnittene Zitrone, 3 mittelgroße in Scheiben geschnittene Zwiebeln, 2 Lorbeerblätter, 6 Pfefferkörner, 1/4 Tasse Weinessig, 1 Eßl. Zucker, 1 Tasse saurer Rahm.

Die Heringe waschen und über Nacht wässern, dann ausnehmen und in bissengerechte Stücke schneiden und schichtweise mit den Zwiebel- und Zitronenscheiben und den Gewürzen einlegen.

Dann zerdrückt man die Heringsmilch in Essig und treibt alles durch ein feines Sieb, so daß eine dickliche Essigsauce entsteht. Dazu dann Zucker und Salz mit der sauren Sahne verrühren und über die Heringsbissen gießen. Die Schüssel an einen kühlen Ort stellen und mehrere Tage ziehen lassen.

Die Suppe:

Goldene Joich mit Teiglech

Die Teiglech werden aus 2 Eiern, etwas Mehl (soviel wie die Eier wiegen), Salz, Pfeffer und Fett hergestellt.

Die Zutaten werden bis auf das Mehl zusammengetan, schaumig geschlagen und dann mit dem Mehl den Teig etwa halbfest machen und mit einem Teelöffel Teigstückchen in kochendes Wasser abstechen. Schwimmen sie dann an der Oberfläche, noch ein paar Minuten ziehen lassen und später in heiße Brühe geben.

Grieswürfel in heißer Milch

1 1/4 Glas Wasser, 3 Eßl. Gries, etwas Salz.

Den Gries in kochendes Wasser schütten, auf kleiner Flamme 5 bis 6 Minuten quellen, danach in einem flachen Gefäß erkalten lassen und in kleine Würfel schneiden. Diese Würfel auf einen Suppenteller legen und mit heißer Milch, der Zucker und Vanille beigegeben werden können, übergießen.

Piroggen:

Hier hat jeder sein Rezept. Man kann sie mit Hefeteig herstellen und im Ofen backen oder mit Wasser, Mehl und Salz in kochendem Salzwasser garen.

Die Hausfrau unterscheidet Burekas von Piroggen. Für Burekas benötigt man ein Paket Blätterteig, das man am besten tiefgefroren kauft, auftaut, dünn ausrollt, in Vierecke schneidet, die Füllung drauflegt und zu Dreiecken zusammenklappt. Dann werden sie bestrichen und bestreut und im Backofen goldgelb gebacken.

Mögliche Füllungen:
Süß-salzig: 50 g Rosinen, 200 g Schafskäse, etwas Salz.
Gemüsefüllungen: Spinat oder 500 g gehackte, gedünstete Champignons, 1 gehackte Zwiebel, etwas Salz.

Fleischborekas mit Pinienkernen

Hier wird der Teig mit Backpulver verarbeitet:

200 g Margarine, 1/2 Tasse Wasser, 3 Tassen Mehl, 1/2 Tasse Salz.
Füllung: 2 mittelgroße Zwiebeln, 2 Eßl. Öl, 500 g Hackfleisch, 2 Eßl. gehackte Petersilie, 1 Eßl. Pinienkerne, Salz, Pfeffer und Piment.
Zum Bestreichen: 1 verschlagenes Ei und Sesamkörner.

Zunächst wird die Füllung zubereitet:

Die Zwiebel in heißem Öl dünsten und mit dem Fleisch weiterdünsten, bis das Fleisch seine Farbe geändert hat, dann die Petersilie, die Pinienkerne und Gewürze hinzufügen, das Wasser hinzutun und das Wasser einkochen lassen. Die Masse soll dann abkühlen.

Aus Margarine, Wasser, Mehl und Salz wird der Teig verknetet, walnußgroße Stücke werden flach ausgerollt, die Füllung mit einem Teelöffel auf die Teigfläche legen und diese zusammenklappen. Man kann sie zu einem Halbmond ziehen oder die spitzen Enden miteinander verbinden.

Die Borekas werden auf Backpapier auf's Blech getan, mit Ei bestrichen, mit Sesamkörnern bestreut und bei mittelstarker Hitze goldbraun gebacken.

Piroggen aus Hefeteig

500 g Mehl, 25 g Hefe, 1 - 2 Eier, 150 g Margarine.

In dem Mehl die Hefe mit etwas Milch anrühren, so daß ein geschmeidiger Teig entsteht. Ei, Fett und Salz dazugeben, am warmen Ort gehenlassen.

Dann den Teig auswalzen und mit einem Glas runde Stücke ausstechen. Darauf die Fleischfüllung geben. Die Teigtaschen zusammenklappen, noch etwas aufgehen lassen. Man kann sie mit Wasser oder Eigelb bestreichen.

Eine andere Variante:

500 g Mehl, 60 g Butter, 1 Ei, etwas Wasser.

Die Zutaten mit soviel Wasser mischen, bis ein fester Teig entsteht, den dünn ausrollen und mit einem Glas ausstechen. Die ausgestochenen Teigstücke mit Füllung versehen, den Teig zusammenklappen, die Enden fest zusammendrücken und in sprudelndem Salzwasser ca. 1/4 Stunde kochen lassen oder aber im Backofen abbacken.

Die Füllungen:

Kartoffel-Käsefüllung

500 g gekochte und pürierte Kartoffeln, 150 g Schafskäse, 1 hellbraun geröstete Zwiebel, Pfeffer und Salz gut vermengen und in die Teigtaschen füllen.

Marmeladen-Füllung

Säuerliche feste Marmelade (Kirschen, Pflaumen) auf die Teigstücken verteilen.

Apfel-Rosinen-Füllung

500 g geschälte und geraspelte Äpfel, 100 g Rosinen, 1 Eßl. Zucker gut miteinender vermischen und auf die Teigstücken geben.

Mohn-Füllung

250 g gemahlener Mohn, 60 g Butter, 60 g Zucker, 60 g Rosinen, 1/4 l Milch.

Den Mohn mit allen Zutaten aufkochen, zu einem Brei einkochen lassen, auf die Teigstücken geben.

Käse-Blintzen

3 Eier, 4 Eßl. Mehl, 1/2 Tasse Wasser, Salz.
Füllung: 500 g Quark, 2 Eier, 2 Eßl Zucker, Zimt.
Mögliche andere Füllungen: Apfelmus (ebenfalls mit Zucker und Zimt) oder Apfelmus mit Rosinen.

Aus den Zutaten einen geschmeidigen Teig herstellen, pro Pfannenkuchen 2 - 3 Eßl. Teig in eine gefettete Pfanne tun und schön auseinanderlaufen lassen, auf jeder Seite braun backen, die Pfanne vom Herd nehmen, den Teig mit der Füllung bestreichen, aufrollen und die Enden einschlagen, nochmals auf der Pfanne braten bis die Rolle rundum braun ist. Mit saurer Sahne servieren.

Fluden

Das ist ein echtes Hochzeits- oder Feiertagsgebäck, das man warm oder als Nachtisch essen kann, aber auch kalt zu Wein oder Tee.

600 g Mehl, 250 g Butter, 250 g Zucker, 4 Eier.
Füllung: 1 1/2 kg Äpfel, 125 g Rosinen, 1/2 Tl. Zimt und Zucker.

Zum Bestreichen: 1 Eigelb, Zimt und Zucker.

Der Mürbeteig muß geknetet und in vier Teile zerteilt werden. Jedes Teil extra ausrollen. Einen Boden in die gut gefettete Form legen. Darauf 1/3 der Füllung in Form von dünnen Apfelscheiben, belegt mit Zucker, Zimt und Rosinen. Darüber etwas Öl und Semmelbrösel und dann das 2. Teigblatt darüber legen. Dieser Vorgang wird zweimal wiederholt. Dann wird der Teig kreuzweis durchschnitten, wie man ihn eben später servieren will. Später läßt sich der Teig nicht mehr so gut schneiden.

Die obere Teigdecke mehrfach mit der Gabel einstechen, dann mit Eigelb überstreichen und mit Zucker und Zimt bestreuen. Bei mittlerer Hitze ca. 1 Stunde backen.

Empfehlenswert sind kleine Kuchenformen, so daß man den Kuchen nicht zu durchschneiden braucht, sondern als eine Art Küchlein „im Stück" servieren kann.

Zwiebelteig-Plätzchen

Man kann sie ebenfalls warm zu Tee, Bier oder Wein servieren. Natürlich schmecken sie warm am besten, aber auch abgekühlt sind sie gut genießbar; nur frisch müssen sie sein.

400 g Roggenmehl, 25 g Hefe, 1/4 lauwarmes Wasser, 3 Eßl. Öl, 2 Tl. Salz, etwas Öl zum Einfetten und Mehl zum Ausrollen des Teigs.
Belag: 2 große Zwiebeln, 1 Eßl. Salz, 2 Eigelb.

Das Mehl in der Schüssel erhält eine Vertiefung, in die

die mit Wasser vermengte Hefe reinkommt, dann wird das Ganze mit dem Mehl vermischt. Gut zugedeckt wird der Teig in der Schüssel etwa 15 Minuten lang an einen warmen Ort gestellt.

Ist der Teig genug gegangen, kommen Öl und Salz dazu und alles wird gut durchgeknetet. Danach ruht der Teig nochmals ca. 30 Minuten, wird dann etwa messerdick auf einer bemehlten Fläche ausgerollt. Formen werden ausgestochen, die auf ein geöltes Blech kommen. Diese Plätzchen werden mit verquirltem Eigelb bestrichen und feingehackten Zwiebeln belegt, wobei die Zwiebeln etwas eingedrückt werden, damit sie einen guten Halt haben. Mit Salz bestreut sollten die Plätzchen noch einmal ca. 15 Minuten gehen und dann etwa 25 Minuten bei mittlerer Hitze backen.

Bar Mizwa

Mit dreizehn Jahren, exakt am 13. Geburtstag, nach dem jüdischen Kalender gerechnet, wird der jüdische Junge ein Bar Mizwa (Sohn des Gebots), das jüdische Mädchen mit zwölf Jahren eine Bat Mizwa (Tochter des Gesetzes).

Die Mischna - die Sammlung von Lehrsätzen der mündlichen Thora, die auch als Grundlage des Talmuds bezeichnet wird - erklärt die Jugendlichen damit für fähig, selbstverantwortlich am religiösen Leben teilzunehmen. Am Sabbat nach Vollendung des 13. Lebensjahres muß der Knabe öffentlich, also in der Synagoge, eine „Mizwa" erfüllen, die diese Zäsur bestätigt. Die „Mizwa" bedeutet ein Versprechen, eine Verpflichtung oder ein religiöses Gebot.

Er wird zur Thora gerufen, um öffentlich den Segensspruch zu sprechen bzw. aus der Thora vorzulesen.

Die Tatsache, daß Frauen nicht aktiv am Gottesdienst in der Synagoge mitwirken dürfen, hat zur Folge, daß es für Mädchen keine traditionelle und formelle Zeremonie gibt, wenn sie Bat Mizwa werden. Seit dem 19. Jahrhundert etwa versuchen die Eltern der Töchter diesen religiösen Wendepunkt im Leben eines Mädchens zu würdigen. Doch es bleibt in jedem Falle eine „individuelle" Angelegenheit, die aber zunimmt.

Die Bar-Mizwa-Feierlichkeiten, die von der Familie des Jungen ausgerichtet werden, können schon in der Synagoge beginnen, wo die Familie den Anwesenden kleine Erfrischungen reicht. Doch dem Festessen im häuslichen Kreis, das die ganze Familie im weitesten Sinne an den Tisch ruft, kommt die größte Bedeutung zu.

Neben Geschenken erhält der Bar Mizwa Tefillin (Gebetsriemen) und einen Männer-Tallith (Gebetsschal mit Fransen und Quasten an den Enden, die ihre religiöse Bedeutung haben).

Das Anlegen der Tefillin während der Familienfeier ist eine überaus bedeutsame Handlung und nimmt viel Zeit in Anspruch.

An langen Lederriemen hängen zwei schwarze Kästchen (aus Leder oder Pappe), in denen spezielle, auf Pergament (oder Papier) geschriebene Verse der Schrift stehen. Das Anlegen, wie auch die Anfertigung der Tefillin unterliegen bestimmten Vorschriften. Die Abfolge des Anlegens erfolgt erst am linken Arm, gegenüber dem Herzen und dann am Kopf bzw. der Stirn.

Die Tefillin mahnen vielerlei Gebote an: Die Liebe zu Gott und Gehorsam; sie stehen für das Glaubensbekenntnis, für die Befreiung aus Knechtschaft, für die Unterordnung unter den göttlichen Willen.

In frommen jüdischen Familien werden die Tefillin nur beim Morgengebet an Wochentagen getragen, nicht am Sabbat oder an Festtagen, die selbst Zeichen setzen.

Ein weiterer Beweis für die nun erbrachte Reife des Bar Mizwa ist das „Mitgezähltwerden" beim Minjan. Minjan ist das hebräische Wort für Zahl und bedeutet die Mindestanzahl von zehn Männern, die zur Durchführung des Gottesdienstes in der Synagoge notwendig sind.

Schon die Bibel kannte das Maß und benennt damit die Zahl 10.

Maras vergilbtes Foto zeigt den Bar Mizwa Jakob, einen schmalen, aufgeschossenen Burschen. Ein kleines kindliches Gesicht unter Locken, auf denen die Kopfbedeckung liegt. Maras Erinnerungen bringen die Farben des Bildes.

„Die Kippa (der hebräische Ausdruck für die Kopfbedeckung, auch Kepele genannt) aus blauer Seide mit Goldband verziert, hab ich ihm selber genäht. Ebenso den Gebetsschal. Weiße Seide mußte es sein. Jakob liebte Seide - und das in unserer ärmlichen Familie. Andere Jungen hatten den Gebetsschal, ganz normal, aus weißer Baumwolle. Jakob erbat sich Seide, weiß, mit blauen und schwarzen Streifen. Den Vater hat das nicht erfreut, weil er darin einen Hochmut sah.

Der Vater hatte die Tefillin gekauft, und das Erlernen des Anlegens war eine strenge Stunde für beide, denn hinter der Ungeduld des Jungen witterte der Vater die Nichtachtung religiöser Gebote; vielleicht nicht ganz zu Unrecht.

Hingegen überraschte es Jakob, wie sehr der Vater ihn später als ‚Erwachsenen' akzeptierte und ihn hart in die Pflicht nahm."

Versöhnlich mögen an diesem Tag das Essen und

die Geschenke gestimmt haben, das Foto zeigt nichts dergleichen, aber da es der Brauch so will, wird man ihm gefolgt sein.

Eines aber zeigt das Foto noch: den festlich gedeckten Tisch, an dem Jakob zwar auch seinen religiösen Pflichten nachkam, aber zur Überraschung aller vor allem seiner Sohnesliebe. Er hielt eine Dankesrede an seine Eltern.

Und besonders hat er - Mara betont es gern und immer noch verwundert - der Mutter für Liebe und Kochkunst gedankt. Wo gibt es das, ein Sohn dankt in so jungen Jahren seiner Mutter für Essen und Zärtlichkeit.

Doch davon zeugte auch das Mahl, das die Mutter dem Sohn an seinem 13. Geburtstag schenkte. Lange und unter Verzicht erspart und mit Liebe geplant - ein Festessen, bestehend aus Jakobs Lieblingsspeisen.

So sah es aus:

Vorspeise:

Fisch in Gelee

2 kg Schellfisch, Salz, 4 in Scheiben geschnittene Zwiebeln, 1 Lorbeerblatt, 1 in Scheiben geschnittene Möhre, Pfefferkörner.

Den Fisch in 3 bis 4 cm dicke Scheiben schneiden, salzen und über Nacht kühl stellen.

Dann abspülen. Kopf, Mittelgräte und Hautabfälle des Fisches in ein Mullsäckchen tun. Den Topfboden mit Zwiebel- und Karottenscheiben belegen, das Mullsäckchen darauf, Lorbeerblatt und Pfefferkörner hinzugeben und das Ganze mit gesalzenem und gepfeffertem kochendem Wasser übergießen. Ca. 30 Minuten kochen lassen, den Sud dann durchseihen und die Bestandteile durchs Sieb treiben, alles noch weitere 20 Minuten kochen lassen. Danach die Fischscheiben hineinlegen und weiter kochen lassen, bis sie gar sind. Die Fischscheiben auf einer tiefen Platte anrichten, den Sud solange einkochen lassen, bis etwa eine Tasse übrig bleibt. Den eingekochten Sud über die Fischscheiben gießen und die Platte kalt stellen bis alles geliert ist.

Die Garnitur besteht aus schwarzen Oliven, Zitronenschnitzeln, ergänzt durch eine gut abgeschmeckte Mayonnaisensauce.

Eier-Zwiebel

4 hart gekochte Eier, 4 mittelgroße Zwiebeln, Salz, Pfeffer, Öl.

Die Zutaten miteinander vermischen, daß eine feste, aber streichfähige Masse entsteht.

Sie wird garniert mit Zwiebelringen und Eierscheiben.

Auberginen-Paste

2 Auberginen, 1 kleine, zerhackte Zwiebel, Salz, Pfeffer, etwas Zitronensaft, etwas Öl.

Die Auberginen backen, bis sie weich sind, dann die Haut abziehen, das Fruchtfleisch zerdrücken und mit den anderen Zutaten mischen.

Suppe:

Hühnersuppe mit gebackenen Lokschen

1 Tasse Mehl, möglichst fein, 1/4 Tasse Salz, 1 Ei, etwas Öl zum Backen.

Ei und Salz in eine Vertiefung im Mehl geben, den Teig durchkneten bis er elastisch und formbar ist. Dann deckt man ihn gut ab und läßt ihn 20 Minuten ruhen. Danach hauchdünn ausrollen und mit den Händen weiterdehnen, soweit es geht. Den dünnen Teig trocknen lassen, dann zusammenfalten und mit einem Ringmesser oder einer runden Form kleine Stücken aus dem Teig schneiden. Das Öl inzwischen erhitzen, bis es heiß ist und die Nudellstückchen hineingeben, goldbraun backen, auf Papier abtropfen lassen und in die heiße Brühe geben.

Fleischgericht:

Geflügelfleischbällchen

500 g Geflügelfleisch, 2 Eier, etwas Öl, 1 Zwiebel, 1 Knoblauchzehe, 1 eingeweichtes, ausgedrücktes Brötchen, Petersilie, 500 - 750 g beliebiges Gemüse.

Das Fleisch durchdrehen, dann die Eier dazugeben, mit Pfeffer, Salz und Knoblauch würzen, den Brötchenteig soweit hinzugeben, daß die Bällchen formbar sind.

Das Gemüse im Topf dünsten, mit Wasser angießen, die Bällchen hineingeben und auf kleiner Flamme etwa 30 Minuten garen lassen.

Gulasch aus Geflügelinnereien

1 kg gemischte Innereien und jedes davon getrennt in kleine Stückchen schneiden, 2 Eßl. Fett, 500 g gehackte Zwiebeln, Pfeffer, Salz, Paprika, 1 - 2 zerdrückte Knoblauchzehen, 2 Tassen Wasser oder Brühe und etwas Mehl.

Das Fett im Topf auslassen, Zwiebeln mit den Gewürzen bestreuen, dann das Fleisch draufgeben und nochmals würzen, dazu die 2 Tassen Wasser oder Brühe. Im geschlossenen Topf alles garen lassen bis das Fleisch zart ist. Später die Sauce mit Mehl oder Binder abbinden.

Nudel-Kugel

3 Eier, 4 Eßl. brauner Zucker, 1/8 Tl. geriebene Muskatnuß, 4 Tassen breite Bandnudeln, 1/2 Tasse Sultaninen, 1/2 Tasse geschälte und in Streifen geschnittene Mandeln, 4 Eßl. Zitronensaft, 4 Eßl. ausgelassenes Fett, 2 Eßl. Semmelbrösel.

Die Eier mit dem Zucker schaumig schlagen, dann gibt man Muskatnuß, Nudeln, Rosinen, Mandeln und Zitronensaft hinzu, füllt die Masse in eine gut gefettete Auflaufform und bestreut sie mit Bröseln. Eine knappe Stunde backen, bis der Kugel eine schöne Kruste hat.

Der Kugel kann als Beilage zu Fleisch- und Geflügelspeisen dienen, aber versehen mit einer süßen, dicken Sauce - auch einer Fruchtsauce - ein Dessert sein.

Die Getränke, die das Essen begleiten, sind zumeist Branntwein, Rosinenwein, Met.

Zum Abschluß reicht die Hausfrau Tee mit Zitrone und etwas Gebäck.

„Es heißt wahr", sagt Mara, „Eltern können alles geben, nur kein Glück. Aber ich denke, ein wenig Glück hab ich meinen Kindern schon geben können, und wenn es auch nur mit einer Bar-Mizwa-Feier war, die Lieblingsgerichte enthielt. Wir waren einfache Leute, da ist ein Essen aus Liebe und guten Zutaten auch ein Glück, ein kleines, für den Tag und die Erinnerung. Das kann viel sein."

Verlobung und Hochzeit

„Kein Mann ohne Frau. Keine Frau ohne Mann, noch beide ohne Gott." – „Erst heiratet man, dann kommt die Liebe!" Zur jüdischen Hochzeitszeremonie gehören die Verlobung oder auch Heiligung genannt (Kidduschin) und die Heirat (Nissu'in). Oftmals geht dem Verlöbnis noch eine Vorbesprechung voraus, in der die Mitgift geklärt, der Hochzeitstermin festgelegt und der Akt der Erwerbung besprochen wird.

Das ist eine rechtsgültige Vereinbarung (Tenain).

Das Verlöbnis ist eine Antrauung vor zwei Zeugen, verbunden mit der Übergabe eines wertvollen Gegenstandes. Der Bräutigam steckt der Braut einen Ring an den Finger und spricht dazu:

Mit diesem Ring seist du mir angelobt, entsprechend dem Gesetz von Moses und Israel.

Es heißt, daß dieser Ring nicht mit Brillanten oder Diamanten besetzt sein darf, um Betrug zu vermeiden, der die Heirat später ungültig machen könnte. Er darf nicht geliehen sein, muß Eigentum des Bräutigams sein und ist nach der Übergabe Eigentum der Braut. Natürlich sind auch wertvolle Ringe zugelassen, wenn die Braut zuvor darüber aufgeklärt wurde.

Zur Antrauungsformel wird der Segen über den Wein und der Verlöbnissegen gesprochen.

Danach folgt eine kleine Familienfeier auf der die Mutter der Braut ihren Gästen Tee mit Zitrone, Wein und Biskuitkuchen reicht. Bei wohlhabenderen Familien werden Delikatessen den Tisch schmücken oder es wird ein Schluck Wein oder Branntwein getrunken, von den Familienmitgliedern von Braut und Bräutigam, um die neuen Familienmitglieder zu ehren.

Milch und Honig sind rituelle Bestandteile. Sie erinnern an das Hohelied Salomons.

Zwischen Verlobung und Heirat sollte ein Jahr liegen, um dem jungen Paar Gelegenheit zu geben, einander zu prüfen. Auch die Lösung des Verlöbnisses ist möglich.

„Wer Töchter hat, leidet an geschwollenen Füßen. Wer Söhne hat, steckt die Füße frisch unter den Tisch", sagt ein jüdisches Sprichwort. Die Töchter gut und schnell zu verheiraten, war die Pflicht der Eltern, und je ärmer sie waren, um so schwieriger stellte sich diese Aufgabe.

Die Hochzeit soll nach altem Brauch zwischen Pessach und Schawuot stattfinden.

Die Zeremonie wird unter einem Baldachin, der Chuppa, getragen von vier Pfosten, vollzogen, dem idealen Platz unter den Sternen. Sieben Segenswünsche werden von dem Rabbiner über einem Becher Wein gesprochen, aus dem das junge Paar am Ende trinkt. Dazu wird der Heiratskontrakt (Ketubba) verlesen.

Die Heiratszeremonie kennt viele Bräuche: Das siebenmalige Umwandern des Bräutigams durch die Braut, das Zertreten eines Glases, das Verteilen der Splitter an die Anwesenden, das Zerschlagen von Tellern, und die Gäste nehmen die Scherben mit. Ein Mädchen, welches viele Scherben eingesammelt hat, wird die nächste Braut. Drei- oder siebenmal umrundet die Braut die Chuppa und bannt mit diesen Zauberkreisen alles Böse.

Herzstück der Hochzeitszeremonie ist wieder der Spruch, mit dem der Bräutigam der Braut den Ring ansteckt: Mit diesem Ring seiest du mir angelobt, entsprechend dem Gesetz von Moses und Israel. Damit allein wäre die Ehe schon legalisiert. Der Spruch ist bindend.

Früher kannte man Trauringe in Form eines Häuschens, auf dem das Ehepaar sein Gelübde ablegte, denn „die Frau ist das Haus des Mannes". Später wurde diese bewundernswerte Juwelierarbeit durch schlichte Ringe ersetzt, die allerdings, so man will, auch individuelle Wünsche zulassen.

Mazzel tow! Das ist der Wunsch für Glück und Segen, der dem Brautpaar gilt.

Man bewirft das Brautpaar mit Reis, tritt ihm auf die Füße und läßt es von einem Teller süße Erbsen essen.

Die Hochzeit kann an jedem Tag im besagten Zeitraum stattfinden, nur nicht an Sabbat oder anderen Feiertagen. Der Schulchan Aruch (hebräisch: Der gedeckte Tisch), ein vierteiliges Kompendium aus dem 16./17. Jahrhundert legt die gängigen Ge- und Verbote fest. Sie umfassen den Alltag, Sabbat und Feiertage, das Ritualgesetz, das Ehe- und Scheidungsrecht und das Zivil- und Strafrecht.

Hochzeiten sind danach nicht an Feiertagen erlaubt, weil „eine Freude der anderen nicht im Wege stehen darf".

Gern wird dienstags geheiratet, denn als Gott die Welt erschuf, sagte er am Ende dieses Tages zweimal: „Es ist gut."

Nimmt man das Zeremoniell sehr streng, dann muß das junge Paar an diesem Tag bis zum Hochzeitsessen fasten, um sich so an den Untergang des Heiligen Tempels zu erinnern.

Früher wurden der Frau, zum Zeichen der Demut, die Haare abgeschnitten und sie trug von nun an eine Perücke. Der Mann drehte als Zeichen äußerer Reinheit seine Taschen um.

Das Haar der Frau galt seit altersher als Verführung und zur Unzucht verleitend.

Der Heiratskontrakt benennt sehr konkret und bis ins mögliche Detail Pflichten und Freiheiten der Eheleute.

Für den Ehemann gilt unter anderem: Sorge für den Lebensunterhalt der Frau, Sexualverkehr, Fürsorge im Krankheitsfall, Auslösung der Frau aus Gefangenschaft, Bestattung der Ehefrau.

Für die Ehefrau gilt unter anderem: eheliche Treue, Sexualverkehr, Haushaltsführung, Mitarbeit beim Erwerb, Abgabe der Entlohnung oder Funde, Umzug zum Wohnort des Mannes.

Ehebruch ist keine Privatsache, sondern eine der drei Todsünden. Es ist ein Vergehen gegen Gott, den Gatten und die eigene Familie. Die ehebrechende Frau verliert alle im Ehevertrag festgelegten Rechte, aber Ehescheidungen sind möglich, wenn die Ehe mißlingt.

Der Religionskodex legt ebenfalls die Unterhaltung des Brautpaares, sowie der anwesenden Gäst fest. Dafür gibt es den Spaßvogel, den Badchen. Er ist vieles in einer Gestalt: Zeremonienmeister, Unterhalter. Er bewegt die Gäste, erheitert sie, bringt sie aber auch zum Weinen, er ehrt die Anwesenden, die Verstorbenen; er soll Dichter, Sänger, Witzbold und Philosoph sein.

Die Farbe Weiß bleibt an einem solchen Tag nur der Braut vorbehalten.

Das Hochzeitsessen beginnt mit dem Anschneiden eines Hochzeitsbarches, eigens für dieses Fest gebacken und groß genug, um allen Gästen ein Stückchen davon als Glücksbringer zu geben.

Anschließend wird die „Goldene Jojch", die Brühe serviert, die ihren Namen von den sieben goldenen Tagen hat, die die Hochzeitsfeier dauert (oder früher dauern konnte).

Fleischgerichte und köstliche Beilagen bestritten das Essen - je nachdem, wie es die Mittel und Möglichkeiten zuließen oder bis heute zulassen, dazu Weine, Branntwein und Getränke aller Art.

Der Nachtisch kennt Strudel, Fluden, vielerlei Sorten von Gebäck, dazu Tee und süße Speisen.

Nach den Zeremonien und mit Beginn des Festmahls wird auch getanzt. Es waren und sind zuweilen auch heute noch besonders zwei Tänze, die unbedingt zur Unterhaltung beitragen und noch immer gepflegt werden: Der Streittanz und der Koscher-Tanz.

Den Streittanz tanzen die neuen Schwiegermütter. Sie tanzen und stellen dabei ihre Streitlust dar, die sich in der Mimik, Gestik und dem Stampfen mit den Füßen ausdrückt. Schließlich aber ist Frieden, und man fällt sich in die Arme.

Der Koscher-Tanz oder auch Taschentuchtanz ist der einzige Tanz, der im strengen Sinne Männern und Frauen erlaubt, zusammen zu tanzen. Körperliche, allzu große Nähe verhindern große Taschentücher, die während des Tanzes an den Zipfeln gehalten werden.

Auch der einsame Tanz der Braut-Großmutter mit einem Laib Brot gehört zu den Bräuchen, die in ihrer Symbolik auf Glück und Leben verweisen.

Doch setzen immer die sozialen Verhältnisse die Parameter, unter denen eine solche Hochzeit ausgerichtet werden kann. Beileibe war die Hochzeit nicht immer ein glücklicher Umstand, wenn man mal davon absieht, daß das Weinen zur Feier gehört. Für Mädchen aus den ärmeren Bevölkerungsschichten war die Hochzeit keineswegs eine Erfüllung.

Hier wurde früh geheiratet, damit wenigstens der Reiz der Jugend als Mitgift wertbringend sein konnte. Erst kommt die Hochzeit und dann die Liebe!

Mara trägt ihr Hochzeitsfoto in der Brieftasche, sie hat es immer dabei wie die Bilder, die ihre Enkel zeigen. Es zeigt sie in weißem Kleid und kurzem Schleier, neben einem ernsten jungen Mann mit Nickelbrille und schwarzem steifem Hut unter der Chuppa, dem Hochzeitsbaldachin. Im Hintergrund den Rabbiner, die Mutter und die Musikanten.

Es war in Maras Leben einer der glücklichsten Tage. Soviele gab es davon nicht. Aber dieser war ein glücklicher gewesen. Noch war der Rausch der Liebe nicht verflogen, seit jenem Tag am Fluß, da sie Taschlich machen ging und den Liebsten getroffen hatte. Noch galt der Zauber, den sie bei ihm spürte, seine Zuversicht, die er zu verbreiten wußte. Noch wußte sie nichts von seiner Strenge, seiner Schweigsamkeit und seiner

Einsamkeit, die auch sie nicht zu durchbrechen vermochte.

Die Hochzeit war der Beginn ihres Traums vom Zusammenleben mit diesem Mann. Sie fühlte förmlich, wie sie auf ihn zuwuchs, zulebte, und ahnte, daß dieses Gefühl wohl nur einmal im Leben spürbar sein würde.

Sein Lächeln, seine Ruhe, wie er das Weinglas gegen den Pfosten des Baldachins warf (und eben nicht zertrat), wie er sie in sein Heim führte und dort die Hochzeit arrangiert hatte (auch gegen den Protest ihrer ganzen Familie), das hatte Mara verwundert.

Später sollte ihr die Entschiedenheit seiner Entschlüsse noch so manchen Kummer bereiten. Jetzt aber sah es aus, wie eine andere Art von Freiheit, die er sich nahm, mit der er umging und die er auch Mara schenkte.

Er hatte mit der Mutter das Hochzeitsessen bestimmt und auch dafür gesorgt, daß keines von Maras Haaren gekürzt oder gar abgeschnitten wurde. Er war ein frommer Jude, auf seine Weise religiös. Glauben nahm er in Freiheit auf und machte Mara einsam, weil er sich und die Seinen aus der strengen Gemeinschaft ausschloß. Aber das war eine Erfahrung der späteren Jahre.

Die Hochzeit dauerte einen Tag und eine Nacht. Gesang, Gebete, Tanz, Wein und Musik, wie Mara sie liebte, schwermütig und süß. Höhepunkt der Hochzeit: die „Lebenspredigt" von Onkel Jula. So nannte er die kurzen Grundsätze, die ein Hochzeitspaar nach seiner Meinung zu beherzigen hatte:

Kochen muß sie können.
Schön soll sie sein, ein Herz muß sie haben.
Ist sie nicht schön, muß sie zwei Herzen haben.
Kinder müssen sie kriegen.
Geld muß er verdienen.
Ein Dach soll er schaffen.
Vier Wände soll er bauen.
Gut soll's im Bett sein.
Treu sein, wenn möglich.
Ruhe, wenn man sie braucht.
Lärm, wenn das Leben ein Leben ist.
Mischpoche, die man einen Tag erträgt.
Freunde, die reich sind.
Satt zu essen und gut zu trinken.
Kein Unrecht tun und keines erleiden.
Nicht warten, aber hoffen.
Ruhetage, die einem nicht das Herz abdrücken.
Und immer daran denken:
Zur Hochzeit wird man geführt,
Zur Scheidung läuft man allein!

Maras Tage und Jahre erfüllten sich mit stiller Arbeit zwischen Küche und Kindern. Sie wurden geboren, sie wuchsen auf, sie brauchten alle Liebe und noch etwas mehr, denn die Strenge des Vaters nahm zu. Ebenso die Sorgen um den Broterwerb und die Zukunft.

Die glücklichen Stunden wurden seltener, der Mann schwieg seine Lebensangst in sich hinein. Die Kinder waren es, die dafür sorgten, daß Maras Stimme nicht vertrocknete, vor allem Jakob.

Als die Nazis die Familie auseinandertrieben, das Leben verdorben und der Mann so krank war, waren sich beide wieder nahe. Die Verzweiflung löste die

Gefühle und machte sie füreinander stark. Nun gab Mara dem Mann wieder alle Liebe, aber er sprach vom Freitod.

Die Deportation überraschte beide des Nachts, und es war keine Zeit mehr, zu zweit zu sterben, nicht einmal, um Abschied zu nehmen.

Mara trägt noch den Ring, den er ihr seinerzeit zur Verlobung an den Finger gesteckt und gesagt hatte: „Mit diesem Ring seist du mir angelobt, entsprechend dem Gesetz von Moses und Israel." Er trägt keine Brillanten, keine Diamanten, es war ein rotgoldener Reif mit den Initialen seines und ihres Namens. Die Jahre haben die Zeichen unkenntlich gemacht. Aber Mara kann sie dennoch sehen. Sie ist seine Frau geblieben bis über seinen Tod hinaus.

Hochzeitsgeschichten, wie Mara sie erlebt hat, trugen fast immer mehr Zeichen des Schmerzes als Insignien der Freude.

Milka, die Schwester, heiratete den Goj, den Nichtjuden, den Christen, den „vom fremden Stamme", den Geographielehrer Hans, ohne den Segen des Vaters.

„Kann ich's nicht verhindern, muß ich es auch nicht besegnen", hatte der Vater gesagt und die Trauer machte seine Augen schwarz. Nicht einmal das Flehen der Mutter konnte seinen Sinn ändern. Als erste hörte Milka auf, ihn um seinen Segen zu bitten.

„Was hält dich?" hörte Mara den Bruder fragen, „wenn keine Liebe zu erwarten ist, kein Segen, dann nimm die Beine in die Hand und geh, Gott wird dir sagen wohin!"

Noch vor der Hochzeit nahm Milka ihre Tasche und ihre wenigen Habseligkeiten und ging.

Nachts hörte Mara die Mutter leise weinen, aber der Vater blieb hart, gab keinen Segen, und zur Hochzeit schlich sich Mara heimlich davon.

Es wurde keine große, keine schöne Hochzeit, keine, wie Mara eine hatte im Schoß der Familie. Nur das Glück der beiden Eheleute überstrahlte die Verlassenheit zweier Menschen.

Milka wohnte nun im feineren Teil Berlins, in jenen Bürgerhäusern, die rechts oder links neben dem Eingangsportal eine Portiersloge hatten und einen Portier darin. Marmorne Stufen führten hinauf und das Treppengeländer trug Schnitzereien.

Aber Milka blieb zeitlebens - und auch das war eine nur kurze Zeit - die angeheiratete Jüdin, die der Sohn unglücklicherweise angeschleppt hatte. Was, zum Teufel, hat er nur an ihr gefunden? Die anklagenden Augen der Schwiegermutter fanden ihren solidarischen Reflex in den Blicken der wenigen Hausbewohner.

Die Hochzeit war mit keiner Familienrunde gesegnet, mit keinem Hochzeitsessen, mit keinem segnenden Baldachin, mit keinem Ehevertrag. Sie gründete auf der Liebe zweier Menschen, die zueinander hielten.

Die Sohnesmutter floh vor einer gefürchteten jüdischen Verwandtschaft und hinterließ einen Brief an ihren Sohn und einen Kuchen, den Lieblingskuchen des Sohnes. In dem Brief erklärte sie ihm, daß sie aus ihrem Herzen keine Mördergrube machen wolle, eine solche Liason ihren Segen nicht erwarten dürfe. Aber da sie kein Unmensch sei, ließe sie die beiden allein.

Milka hat von diesem Brief erst erfahren, als sie die Wohnung verlassen mußte, um sich mit ihrer kleinen

Tochter Nanny zum Abtransport der Juden einzufinden.

Da war der Mann schon im Krieg geblieben, weil Arier, die sich nicht von ihren jüdischen Ehefrauen scheiden ließen, sehr schnell in vorderster Frontlinie des Krieges umkamen.

Sie hat ihn der weinenden Schwiegermutter auf den dunklen Eßzimmertisch gelegt und war still und verzweifelt aus der Wohnung gegangen, nur Nanny hatte sich gefreut, endlich zu verreisen, denn dort, wo sie hinkommen würden, dort sollte es schön sein, hatte der Mann in Uniform gesagt.

Die Hochzeit des Bruders erfuhr Mara nur aus seinen Briefen und mußte mehr erraten, als von ihm mitgeteilt wurde. Die Briefe kamen aus Amerika, aus Chikago und trugen das Firmenzeichen einer Textilfabrik.

Der Bruder war per Schiff in die Staaten gelangt, und lange Zeit hatte Mara nichts von ihm gehört. Nur trug sie irgendwie in sich die Gewißheit, daß er am Leben sei.

Sie fühlte es einfach, und dann kam der erste Brief und zeigte an, daß er nicht nur am Leben war, sondern Arbeit und sogar Aufnahme gefunden hatte in einer reichen jüdischen Kaufmannsfamilie, deren Vorfahren aus Polen stammten.

Mara - Unglück gewohnt - witterte Verzweiflung und Unterdrückung. Es schien fast so, als ob seine spärlichen Schreiben, die zwar von einer dreitägigen Hochzeit berichteten und einer „Goldenen Jojch, die hast selbst Du, mein Schwesterlein, noch nicht in Deinem Leben gekostet", Kummer und Einsamkeit verschweigen würden.

Sie hat den Bruder noch einmal gesehen, das war nach 1945 und er war ein alter kranker Mann, der weit über sein tatsächliches Alter hinaus verbraucht zu sein schien. Er kam mit einer dicken, fröhlichen, lauten, schnell redenden Frau, die ihn ständig sorgend beobachtete und alle zwei Minuten fragte: „Jackie, ist was?"

Mara fragte sich, wie er wohl zu diesem Namen gekommen war und verstand auch bald die Gereiztheit seiner Antworten angesichts der intensiven Besorgnis.

Später, als sie dann tatsächlich einmal allein waren, hat er ihr erzählt, was sich damals in Amerika zugetragen hatte.

Er war als junger Mann angekommen, sprach schlecht Englisch, war ein deutscher jüdischer Emigrant und seine erste Nacht verbrachte er auf der Parkbank unter einem Haufen Zeitungen.

Dann machte er sich auf die Suche nach Arbeit, mit all den anderen Arbeitssuchenden, und fand Arbeit - jeden Tag eine andere. Schlecht bezahlte Arbeit, die über die Knochen ging und eine andere Statur erforderte, als der Bruder sie aufweisen konnte.

Aber er biß sich durch und geriet an einen Arbeitsvermittler für eine Textilfabrik; die Arbeit wurde noch schlechter bezahlt, als die bei der Straßenreinigung, aber er ging hin, weil der Betrieb eine Mittagsmahlzeit für die „Mitarbeiter", wie der Vertreter es nannte, versprach.

So geriet der Bruder in die Optik der jüdischen Fabrikantenfamilie und ganz besonders in die der polnischen Großmutter, die da hochbetagt lebte und die Familie tyrannisierte.

Ihre Sprachkenntnisse waren begrenzt, also sprach sie mit allen Polnisch, und wer es nicht verstand, zog sich den Zorn der Alten zu, und das konnte wiederum lebensgefährlich werden.

Maras Bruder, wie auch Mara, hatten noch Worte und Klänge der polnischen Sprache im Ohr, denn der Vater fluchte Polnisch, wie auch seine Vorfahren es getan hatten. Er hatte spezielle polnische Koseworte für die Kinder. Sie waren mit diesen Sprachbrocken groß geworden, hatten sie zuweilen sogar aus Spaß benutzt.

So brachte es der Zufall mit sich, daß die alte Frau über den Hof humpelte und Maras Bruder ihr in die Quere kam. Der Stock fiel zur Erde und die Alte schrie ihn auf Polnisch an, ihr den Stock aufzuheben. Das tat der Bruder und begleitete den Vorgang mit drei leise gemurmelten polnischen Flüchen.

Schlagartig änderte sich sein Leben. Man zog ihn aus seinem Lebenselend hervor, gab ihm saubere Sachen und führte ihn der polnischen Großmutter vor und zeigte sich ihm gegenüber fast dankbar, denn die Tyrannei der Alten hatte nun eine andere Zielscheibe. Sie hieß Lena und der Bruder nannte sie Pani Lena. Das tat ihr gut, denn die amerikanischen Enkel nannten sie nur Granny und wollten den Namen Lena nicht aussprechen, schon gar nicht auf Polnisch.

So geriet der Bruder auch in den näheren Familienkreis und stellte mit Erschrecken fest, daß sieben Töchter dort wohnten. Sechs davon mit Mann und Kindern, aber die siebente, die Mary oder, wie Großmutter Lena sagte, Maria, die hatte noch keinen Mann, und es sah ganz danach aus, als sollte sie auch keinen mehr bekommen.

In den vielen Stunden, in denen der Bruder die alte Frau ausführte, ihr vorlas, ihr Geschichten erzählte - das liebte sie besonders - vertraute sie ihm den Kummer der Familie an: Das war die unverheiratete Maria. „Als wenn es ein Unglück wäre", soll sie gezetert haben, „daß eine nun mal keinen von diesen Kerls abkriegt. Aber nein, die ganze Mischpoche hackt auf dem armen Kind herum und scheucht sie in die Einsamkeit. Als hätte sie nicht so schon genug zu tragen."

Und das war so falsch nicht. Mary war keine Schönheit. Sie war ziemlich dick, hatte auffallend große Füße und die große Nase ihrer Großmutter geerbt, aber auch deren Verstand.

Das hatte der Vater bald bemerkt und sie als einzige von seinen Töchtern in das Büro seiner Fabrik mitgenommen und ihr die Buchhaltung beigebracht.

Da saß sie nun Tag für Tag, hielt die Bücher in Ordnung und erledigte die Bankgeschäfte des Vaters bald besser als er. Das brachte ihr den Respekt, aber nicht die Liebe der Männer ein.

So wurde Maria oder Mary ein spätes, dickes Mädchen mit vielen Vorzügen, die die Familie weidlich nutzte, als nun klar war, daß da kein Mann mehr kommen würde.

Aber sie hatten nicht mit Pani Lena gerechnet, die zog ihr einen Mann, und das war Maras Bruder. Nicht, daß sie die beiden verkuppelt hätte, sie gewöhnte sie aneinander.

Und da Schönheit und Jugend keine Rolle mehr spielten, hatte man also Zeit gewonnen. Das mehrte die Mitgift und schaffte eine gewisse Kameradschaftlichkeit zwischen einer reizlosen Frau und einem armen, deutschen, jüdischen Emigranten. Mit Geschick und Liebe zur Enkeltochter wob die Alte beide zusammen, und bald war aus zufälligem Zusammensein ein Bedürfnis geworden, miteinander zu sprechen, „etwas zu besprechen".

Maras Bruder lernte bei Maria das Wesen dieser Textilfirma kennen. Er lernte Buchhaltung und Einkauf, er lernte, seinen Instinkt für das Geschäft zu schärfen, und weil er „ein Mann von unten" war, hatte er auch ein Herz für seine Leute, die er im übrigen genauso ausbeutete, wie man es mit ihm früher getan hatte.

Er wurde, wie die Alte befriedigt feststellte, ein echter Businessman. Das war eine von den wenigen Vokabeln, die sie gern gebrauchte und sehr polnisch aussprach. Er roch das Geld und das Geschäft, und als die Großmutter starb, hatte sie ihr Vermögen der Maria vermacht und dem Bruder mit Auflage, einander zu heiraten.

Und da es keinen logischen Grund gab, sich dem zu widersetzen, heiratete der Bruder die Maria.

Hier erreichte Mara die Beschreibung seiner Hochzeit, die drei Tage dauerte und eine Küche gehabt haben mußte von köstlichstem Überfluß.

Der Bruder schrieb lakonisch: „Es stand alles auf dem Tisch - und jeden Tag wieder frisch -, was wir in unserer Kindheit nicht haben essen können; eines aber war nur für mich gekocht: der gefillte Fisch nach Art unserer Mame."

Es änderte sich nichts in ihrem Zusammenleben, bis auf den Tag, da Maria ihn um Kinder bat. Da wurde im Bruder, wie er sagte, ein Mitleid wach, wenn eine

Frau ihren Mann um Kinder bitten muß. Und er kam ihrem Wunsch einfach nach.

So bekamen sie spät, aber doch nicht zu spät, einen Sohn, der ins Kaufmännische schlug, wie der Bruder es ausdrückte, also das Kapital mehrte zur Zufriedenheit der Eltern, und er sah wie die Mutter aus, dick mit zu großen Füßen.

Es gab nur noch ein Wiedersehen mit dem Bruder und eine Stunde, in der sie miteinander allein waren. Da nahm er Maras Hand und sah sie mit schweren Augen an. „Eine Frau wie dich wollt' ich immer. Aber wir haben es uns nicht aussuchen können."

Er starb früh und Mara hat nie versucht, Maria wiederzusehen.

Von Tod und Trauer

Die jüdischen Trauerriten haben - nimmt man es streng - ihren festen Ablauf, bezeichnen Zeiten und Begrenzung. Nach dem Tod beginnt die erste Trauerwoche. Sie dauert sieben Tage. Die jüdische Trauerwoche wird mit „Schiwe-sizn" benannt. Sie befiehlt zudem ein niedriges Sitzen, verbietet Rasur, Friseur und Kosmetika, frische Kleidung, Lederschuhe und die Arbeit. Das gilt für alle Anverwandten, aber auch für die Angestellten. Dazu ist das Einreißen eines Kleidungsstückes vorgeschrieben, um Trauer über den Verstorbenen auszudrükken. Es ist ein altes, auf biblische Zeiten zurückgehendes Zeichen, „K'ria-Reißen" benannt.

Trostworte für die Hinterbliebenen dürfen erst nach dem Begräbnis gesprochen werden.

Die erste Mahlzeit, die die Trauernden zu sich nehmen, darf nicht aus eigenen Speisen zubereitet sein. Sie wird von Freunden oder den Nachbarn gebracht.

Nach der Tradition enthält diese Mahlzeit hartgekochte Eier und oftmals auch einen runden Kuchenkranz aus Hefeteig.

Es soll ein Mahl des Trostes sein, denn die Eier und der Kuchen symbolisieren in ihrer Rundheit die Dauer, mit der sich das Leben fortsetzt und erneuert und seinen Samen setzt.

Morgens und abends gibt es einen Gottesdienst, der allen, die da kommen, die Möglichkeit für Kaddisch gibt.

Die zweite Trauerperiode dauert dreißig Tage vom Todestag an gerechnet, lockert die Vorschriften etwas, verbietet aber noch jegliches gesellschaftliches Leben und auch die körperliche Pflege und das Hören von Musik.

Die dritte Trauerperiode gilt nur dem Tod von Eltern oder Kindern und dauert ein Jahr.

Während dieser Zeit sollten Festlichkeiten gemieden werden; elf Monate lang sprechen die Söhne Kaddisch.

Daher auch das Sprichwort: Einen Sohn nach dem Tod. Eine Tochter zu Lebzeiten. Das heißt, die Tochter nützt zu Lebzeiten im Haushalt, aber der Sohn ist es, der nach dem Tod der Eltern das Gebet spricht zu deren Seelenheil.

Dann ist die öffentlich gezeigte Trauer vorbei.

Nach Ablauf eines Trauerjahres wird Jahrzeit begangen. Jedes nun folgende Jahr nach dem Tod des Anverwandten wird bedacht, zum Beispiel mit einer Anzeige in der Gemeindezeitung.

Der Grabstein wird zur ersten Jahrzeit gesetzt.

Trost und Trauer, Zeremonie und Ritual bestehen vornehmlich aus schlichter Beziehung zum Toten und sind darauf aus, das Andenken an den Verstorbenen, sowie die Trauer der Hinterbliebenen nicht zu verletzen und teilzunehmen am Schmerz.

Mischket Liebermann beschreibt es so:

„Meine Mutter lag im Sterben. Es war an einem Sabbat ... Schweigend standen wir an ihrem Bett. Ohne Tränen. Einer verbarg vor dem anderen das Wissen um den nahen Tod. Mit schwacher Stimme rief Mutter nach der ältesten, die sich in der Küche zu schaffen machte. Chane kam. Nun hatte sie alle ihre Kinderlech um sich. Sie schaute uns der Reihe nach an, nahm Abschied mit ihren gütigen, leidvollen Augen, drehte sich zur Wand und machte den letzten Atemzug.

Am Montag trugen wir unsere Mutter zu Grabe. Ich war erstaunt, wie viele Menschen ihrem Sarg folgten. Nicht nur Juden. Und nicht nur aus Neugierde. In diesem Arbeiterviertel gab es echte Anteilnahme. Vater bat mich, nicht fortzugehen, die sieben Trauertage bei ihm zu verbringen. Ich blieb. Zu Hause herrschte tiefste Trauer. Sieben Tage lang waren Fenster und Spiegel verhangen, flackerten Kerzen. Sieben Tage lang saßen wir auf Fußschemeln, fast in Lumpen gehüllt. Alle Türen standen offen. Es war ein Kommen und Gehen. ‚Sie ist wie eine Heilige gestorben, am Sabbat‘, trösteten die Frommen meinen Vater. Jeden Abend schickte die Gemeinde ein Minjan zu uns: zehn Männer, die mit Vater und den Brüdern beteten. Mechel, der nunmehr älteste, sprach den Kaddisch. Das Totengebet. Er sang es mehr. Eine Melodie, die einem das Herz zerriß.“ (34)

Maras Trauer kannte keine Zeiten, keine sieben, keine dreißig Tage, kein Jahr.

Ihre Söhne werden nie Kaddisch sagen, denn sie sind tot.

Ihre Töchter werden nicht das Gewand zerreißen, denn eine ist vergast und die Betty will von einer solchen Schmerzbekundung nichts mehr wissen. Sie hat ihre eigene Religion.

Einen unstillbaren, immer wieder aufbrechenden Schmerz trägt Mara in sich: die Toten haben keine Gräber. Sie kann keinen Trost finden am Grab des Mannes oder am Grab der Söhne. Zu wissen, daß sie gut unter der Erde ruhen, wäre wenig, aber doch etwas. Und mit wem könnte sie auch über einen solchen Wunsch sprechen?

Nicht mit Betty. Die nun einzige Tochter wird nicht müde, streng, wenn auch nicht ohne Liebe zu schreiben: Komm zu mir. Du hast eine Tochter. Du hast Enkelkinder. Wozu jammerst Du, wenn Du das, was Du hast, nicht einmal genießt?

Wir sind zwei verschiedene Menschen und haben sehr verschiedene Leben, sagt sich Mara und weiß auch, daß dies keine Erklärung ist. Aber es genügt ihr.

So ist Mara den Toten auf lebendige Weise nahe gekommen. Der Rest ihres Lebens werden Trauerjahre sein, die sie alleine lebt.

Ein Teller mit einem hartgekochten Ei und einem winzigen Hefekranz, wie ihn die Kinder in ihren Kuchenförmchen backen, steht immer bei ihr. Für Erneuerung sorgt die alte Frau mit zitternder Sorgfalt.

Sie geht nirgendwo mehr hin, sie fährt auf den Gleisen ihrer Erinnerung und sie wäscht sich ihr langes weißes Haar seit langem allein.

Dunkel ist eine Farbe geworden, andere Farben kennt sie nicht mehr.

Einen weißen, seidenen Gebetsschal trägt sie wie ein

Schultertuch, mit schwarzen und blauen Streifen. So erhält man Erinnerungen und schreint sie für das eigene Leben fest ein.

Wie lange noch?

„Gelobt seist Du, Ewiger, unser Gott, König der Welt."

Mara betet nicht mehr laut. Ihr Inneres betet für den Mann, die Söhne, die Töchter. So hat sie sich ihm versprochen.

Das leere Scheunenviertel, seine stillen Straßen und alten Hinterhöfe durchquert sie wieder und wieder. Sie kennt inzwischen die neuen Gerüche.

Allmählich erzählen die Häuser, die Straßen doch etwas von dem, was einmal ihre Kindheit, Jugend, Glück und Familie, was einmal ihr Leben war.

Eine Vertrautheit will wieder aufkommen.

Manchmal, wenn auch nur für die Dauer eines Augenblicks, ist die kleine alte Frau, die Mara heißt, die Bittere, fast glücklich.

Zitierte Quellen

(1) Achad Haam, zitiert nach: Die Jüdische Welt von Gestern, Wien 1990

(2) Lieder aus dem Ghetto, herausgegeben von Elsbeth Janda und Max M. Sprecher, München 1962

(3) Leo Hirsch, Jüdische Glaubenswelt, Basel 1978

(4) Leopold von Sacher-Masoch, Jüdisches Leben, Wiesbaden 1986

(5) Heinrich Heine, Reisebilder III, Italien, Die Bäder von Lucca, in: Meyers Klassiker Ausgaben, Heinrich Heines Sämtliche Werke, Leipzig und Wien 1893

(6) Mischket Liebermann, Aus dem Ghetto in die Welt, Berlin 1977

(7) Heinrich Heine, Prinzessin Sabbat, Hebräische Melodien, a. a. O.

(8) Salcia Landmann, Bittermandel und Rosinen, München - Berlin 1989

(9) Jüdische Märchen, Prag 1985

(10) Der Jüdische Kalender 1994 - 1995, 12. Jahrgang

(11) Herrmann Cohen, Religion der Vernunft aus den Quellen des Judentums, Köln 1929

(12) Mark Zborowski und Elisabeth Herzog, Das Schtetl, München 1991

(13) Walter Kaufmann, Als ich noch drei und nicht adoptiert war, Manuskript 1994

(14) Joseph Roth, Juden auf Wanderschaft, Köln 1985

(15) Mischket Liebermann, a. a. O.

(16) Bibel, 2. Buch Mose

(17) Leopold von Sacher-Masoch, a. a. O.

(18) Max Brod, Streitbares Leben, Frankfurt a. M. 1979

(19) Bella Chagall, Brennende Lichter, Reinbeck 1986

(20) Jüdische Märchen, a. a. O.

(21) Max Grunwald, in: Jüdisches Leben - Jüdische Bräuche, Frankfurt a. M. 1985

(22) Mischket Liebermann, a. a. O.

(23) Bibel, 2. Buch Mose

(24) Mischket Liebermann, a. a. O.

(25) Heinrich Heine, Der Rabbi von Bacherach, in: Der Salon, a. a. O.

(26) Hagada, Lithurgie für die häusliche Feier der Sederabende, bearbeitet von Rabbiner Dr. C. Seligmann, Frankfurt a. M. 1925

(27) Pessach-Haggadah, bearbeitet von Robert Raphael Geis, in: Allgemeine Wochenzeitung der Juden Deutschlands 1954

(28) Hagada, a. a. O.

(29) Arthur Eloesser, Erinnerungen eines Berliner Juden, in: Jüdische Rundschau 76/77-92

(39) Bibel, Ex. 15, Nr. 12, 20

(31) Walter Kaufmann, Suche nach Herkunft, Manuskript 1994

(32) Paul Christian Kirchner, zitiert nach: Die Jüdische Welt von Gestern, a. a. O.

(33) Elias Canetti, Die gerettete Zunge, Geschichte einer Jugend, München - Wien 1977

(34) Mischket Liebermann, a. a. O.

Die Kochrezepte wurden folgenden Büchern entnommen:

Hannes W. A. Schoeller, Jüdische Küche, 1972 © by Heyne Verlag, München
Zvi Sofer, Das Jüdische Kochbuch, 1979 © by Verlag Wolfgang Hölker, Münster
Salcia Landmann, Bittermandel und Rosinen, 1984 © by Herbig in der F. A. Herbig Verlagsbuchhandlung GmbH, München

Der Jüdische Kalender (Zeichnung: Karl-Heinz Döring) wurde entnommen:

Neues Lexikon des Judentums, München 1992

Inhalt

EDITION SCHEUNENVIERTEL

Die Reihe mit dem Großstadt-Flair